FILOSOFIA
E NÓS COM ISSO?

Dados Internacionais de Catalogação na Publicação (CIP)
(Câmara Brasileira do Livro, SP, Brasil)

Cortella, Mario Sergio
 Filosofia : e nós com isso? / Mario Sergio Cortella. – Petrópolis, RJ : Vozes, 2019.

 2ª reimpressão, 2019.

 ISBN 978-85-326-5850-0

 1. Filosofia I. Título.

18-20286   CDD-100

Índices para catálogo sistemático:
1. Filosofia   100

Cibele Maria Dias – Bibliotecária – CRB-8/9427

FILOSOFIA

MARIO SERGIO CORTELLA

E NÓS COM ISSO?

VOZES
NOBILIS

© 2019, Editora Vozes Ltda.
Rua Frei Luís, 100
25689-900 Petrópolis, RJ
www.vozes.com.br
Brasil

Todos os direitos reservados. Nenhuma parte desta obra poderá ser reproduzida ou transmitida por qualquer forma e/ou quaisquer meios (eletrônico ou mecânico, incluindo fotocópia e gravação) ou arquivada em qualquer sistema ou banco de dados sem permissão escrita da editora.

CONSELHO EDITORIAL

Diretor
Gilberto Gonçalves Garcia

Editores
Aline dos Santos Carneiro
Edrian Josué Pasini
Marilac Loraine Oleniki
Welder Lancieri Marchini

Conselheiros
Francisco Morás
Ludovico Garmus
Teobaldo Heidemann
Volney J. Berkenbrock

Secretário executivo
João Batista Kreuch

Editor para autor: Paulo Jebaili
Diagramação: Sheilandre Desenv. Gráfico
Revisão gráfica: Nilton Braz da Rocha
Capa: Rafael Nicolaevski
Foto de capa: Chico Max

ISBN 978-85-326-5850-0

Editado conforme o novo acordo ortográfico.

Este livro foi composto e impresso pela Editora Vozes Ltda.

SUMÁRIO

Filosofia: e nós com isso?, 7

1   E *eu* com isso?, 11
2   O que é isso?, 21
3   Para que serve isso?, 31
4   Isso não é coisa de velho?, 41
5   E isso com o meu Trabalho?, 51
6   E isso com Liderança?, 61
7   E isso com Ética?, 71
8   E isso com Religião?, 81
9   E isso com Ecologia?, 91
10 E isso com Política?, 101
11 E isso com Mundo Digital?, 111
12 E isso com Esperança?, 121

Filosofia: isso é muito bom!, 131

Filosofia:
e nós com isso?

– O que o seu pai faz?

– Meu pai é filósofo.

– E o que o seu pai faz?

O diálogo acima fez parte da infância dos meus filhos, no contato com os coleguinhas na escola.

A dificuldade de compreender o que faz um filósofo muitas vezes se estende às demais faixas etárias. Muitas pessoas veem o filósofo como alguém que não trabalha, só pensa, e isso não seria considerado trabalho. Outras consideram a Filosofia uma atividade exercida por lunáticos, afinal, "isso não serve para nada".

Por outro lado, há quem ache que a Filosofia "ensina a pensar" ou cultive a ideia de que é um caminho para afastar a pessoa da alienação. Essas são possibilidades, mas a Filosofia não é, por si só, libertadora ou alienadora. Então, o que essa disposição de pensar sobre a própria existência e a condição de estar no mundo, com outras e outros, tem a ver com cada um de nós?

Até o final do milênio passado, o rumo profissional mais provável para as pessoas formadas na área de Filosofia era o meio acadêmico, fosse na docência ou na pesquisa. Felizmente, as possibilidades de carreira vêm se ampliando gradualmente nas últimas décadas. A formação em Filosofia tem tido um espaço maior no mundo corporativo. Várias empresas têm recrutado pessoas com formação nesse campo para comporem equipes multidisciplinares, ampliando o repertório de soluções e alternativas, com um olhar menos técnico, mas que possa contribuir com a técnica.

Há que se considerar, no entanto, que ainda existe o preconceito em relação a quem é oriundo dessa área. Para alguns, ainda persiste a ideia, antes lembrada, de que filósofo é "aquele que não trabalha"...

Ao que tudo indica, essa pecha tende a ser retirada do circuito. Basta observar o crescente interesse pela Filosofia na nossa sociedade. Nas primeiras décadas dos anos de 2000 houve um aumento considerável da presença de pessoas da área de Filosofia na mídia. Um fenômeno tratado por alguns como o dos "filósofos pop". Atualmente, vários profissionais da área desenvolvem atividades em veículos de comunicação, como rádio, televisão, jornais, têm muitos seguidores nas plataformas digitais e alguns obtêm êxito no mundo editorial, com livros frequentando as listas dos mais vendidos.

Obviamente, esses profissionais (entre os quais me incluo) tiveram de aprimorar outras competências, como capacidade de comunicação e um maior entendimento da dinâmica do mundo virtual, acrescido de um cuidado para, ao tornar a Filosofia mais simples, impedir que seja tratada de modo simplório.

Não hesito em dizer que hoje no Brasil há um interesse maior por essas reflexões filosóficas. E por parte de um público que não necessariamente é o do meio acadêmico, dado que a tecnologia exagerada e a pressa nas relações trouxeram angústias antigas em novas roupagens.

Seja pelo lado positivo ou negativo, são muitos os mitos que envolvem a Filosofia.

Este livro nasce justamente da agregação e reordenamento de concepções e explanações dispersas em parte de minhas obras, com a intenção de propor uma reflexão sobre o papel dela, Filosofia, na nossa vida cotidiana.

E EU COM ISSO?

1

Foram poucos os conselhos dados por meu pai, Antonio, que não segui; no entanto, um deles – ***não estudar Filosofia*** – foi motivo de discussão entre nós dois durante anos. Eu, de um lado, com uma rebeldia convicta em defesa da escolha individual (facilitada, e muito, em família da camada média); ele, de outro, com um pragmatismo amoroso na busca do que fosse melhor para o filho.

Vencemos ambos com a "derrota" dele.

Venci eu porque descobri na Filosofia uma forma concreta de intervenção no mundo, intervenção produtiva e consciente, capaz de operar mudanças palpáveis na relação entre as pessoas e, também, capaz de gerar prazer em seu exercício cotidiano. Venceu ele porque, espantado, percebeu que Filosofia era também profissão e, como tal, permitia – ainda que precariamente – o alcance de condições materiais de existência.

Essa foi a primeira "defesa" que tive que fazer da Filosofia e, nela, percebi-me educador e militante; depois, não larguei mais...

Essa história de captura pela Filosofia começa ainda em Londrina, cidade paranaense na qual nasci em 1954, e, mais adiante, conto o que lá aconteceu e que me impulsionou para o território filosófico.

No final do ano de 1967 minha família mudou-se para a cidade de São Paulo, onde tive algumas trajetórias facilitadoras da futura rota.

De 1968 a 1972 estudei, na capital paulista, no antigo Colégio Estadual "Profª. Marina Cintra", na Rua da Consolação, completando lá o que na época era chamado de Ginásio e Colegial. Aprendi muitas coisas, a maior parte delas fora da escola; as que aprendi na escola foram de boa qualidade, principalmente porque não trabalhava (diversamente da maioria de meus colegas) e tinha condições estruturais para isso: meus pais tinham livros, viajavam conosco, compravam material escolar, liam jornal, havia escrivaninha para estudo em casa e um incentivo imenso. Já existia uma forte decadência da qualidade social do ensino público, mas isso era quase indiferente para os que, como eu, economicamente privilegiado, não tinham na escola sua única fonte de conhecimento letrado.

Tive ótimos professores na área de Ciências Humanas e me envolvi muito com essa área. Quando eu tinha 14 anos, o Professor Jaime (de Língua Portuguesa!) nos fez ler *Arte retórica*, *Arte poética*, de Aristóteles, e o *Discurso do método*, de Descartes. Não entendi tudo, mas gostei demais. No ano seguinte, o mesmo professor leu conosco *Os Irmãos Karamazov*, de Dostoiévski; fiquei impressionado com a personagem Ivan (um clérigo) e suas dúvidas religiosas (eternamente russas).

No Colegial (atual Ensino Médio), tive Filosofia nos três anos e não foi bom. Meus professores não eram da área e usavam livros ultrapassados e frágeis, quase sempre manuais; um horror. Não nos encantavam com a Filosofia e, pior, a ensinavam como fruto da memória e não do raciocínio e da reflexão.

No entanto, apesar da fragilidade deles, fui-me despertando cada vez mais para a **admiratio** (o termo latino para *admiração*), indicando um conceito do pensador grego Platão para o estranhamento que muitos têm diante do que é evidente apenas na aparência e que, por espantar, provoca depois afeto pelo conhecimento novo e, claro, conecta com a prática filosófica.

No campo da música já se perguntou: O que seria de Deus sem Bach? Acho que o mesmo vale para Beethoven e a Filosofia. No meu caso, foi o professor de Educação Artística, Newton de Moura Müzel, quem nos ensinou a ouvir Beethoven e a partilhar suas questões existenciais e teológicas. Por meio da obra de Beethoven fiquei admirador da **angústia** e da **estupefação**.

Daí para o afeto (*philos*, no grego antigo) à *sophía* (conhecimento) foi um passo curto!

Comecei a ler de tudo um pouco e fui ficando "meio erudito"; quase completei minha formação literária iniciada aos sete anos!

Naquela idade, como já contei em outro livro (*Viver em Paz para morrer em paz!*) tive hepatite e a medicina da época me fez ficar três meses inteiros na cama, sem movimento. Como não havia televisão em Londrina, ocupei-me lendo livros infantis que se esgotaram rápida e enfadonhamente. No segundo mês de cama, a vizinhança começou a me trazer os livros que tinha em casa e, assim, li muito – sem compreender tanto – da obra de Machado de Assis, Eça de Queiroz, Monteiro Lobato, Mark Twain e, por descuido da família, Oscar Wilde.

Por falta de opção no começo, acabei pegando o gosto pela leitura e, ao fim da hepatite, já possuía uma relação "figadal" com os livros.

Essa hipocondria literária voltou durante o Colegial e minha quase-erudição (meio-chata em um adolescente) foi-me empurrando para a sofisticação: estudar Filosofia na universidade. No último ano do Colegial fiz Cursinho Pré-vestibular, no Equipe (reduto da subversão existencial), e preparei-me para entrar no 3º grau em Filosofia.

Há uma intercorrência antes disso: durante minha permanência em São Paulo, aproximei-me muito da Ordem dos Carmelitas Descalços (OCD). Passei a frequentar seu convento em São Paulo e a "dirigir" as missas de sábado e domingo (todas!) na Igreja de Santa Teresinha. Essa convivência foi fundamental para orientar parte do desaguamento de minhas questões religiosas e, por efeito indireto, preparou-me para a docência – pois durante anos enfrentei um público e falei ao microfone – e para o trabalho social.

Ao final do Colegial, decidi-me por radicalizar minhas questões religiosas e optei por entrar em um Convento de Carmelitas Descalços no "meio do mato", no Pico do Jaraguá, ainda na área metropolitana paulistana, e passar pela experiência da vida monástica, na qual fiquei por três anos.

Quando prestei vestibular para Filosofia, fui aprovado na Universidade de São Paulo (USP), na Pontifícia Universidade Católica de São Paulo (PUC-SP) e nas Faculdades Anchieta (mais tarde Nossa Senhora Medianeira, hoje extinta). Como a entrada na universidade coincidiu com o ingresso na OCD, apesar da liberdade de escolha, decidi-me por fazer Filosofia com os jesuítas (dirigentes da Anchieta) por razões que mesclaram conveniência com alguma consciência: as Faculdades Anchieta ficavam, na mesma estrada, a oito quilômetros do convento no qual eu iria morar e agruparam parte dos que se destinavam ao trabalho sacerdotal; além disso, os jesuítas mantinham, por razões históricas, um curso tradicional de Filosofia (calcado, basicamente, na História da Filosofia).

Assim, passei três anos estudando Filosofia na já então Medianeira (de manhã no *campus* da Via Anhanguera e, à noite, no *campus* da Avenida Paulista) e, por cursar mais diárias, acabei por concluir, além da Licenciatura Plena nesses três anos, a quase totalidade das disciplinas do Curso de Ciências Sociais.

Na graduação tive uma pesada formação aristotélico-tomista, mesclada com disciplinas tão díspares quanto Parapsicologia, Psicopatologia, Questões de Física e Biologia, Economia, Francês e História da Arte. A convivência e o aprendizado com uma maioria de professores estrangeiros me proporcionou uma visão um pouco mais cosmopolita das questões filosóficas e políticas. O partilhar do curso com colegas de várias regiões do país me ofereceu uma leitura nacional de que não dispunha. Por fim, o ensino apoiado na História da Filosofia e Teoria do Conhecimento cimentou ainda mais meu gosto pela história em geral e pela discussão sobre o saber.

Concomitantemente a essa formação universitária, passei por duas experiências magníficas no convento: a primeira foi o trabalho religioso desenvolvido com os carmelitas, principalmente no período de férias escolares, em regiões longínquas da Amazônia e do interior de Minas Gerais e do Rio de Janeiro, nas chamadas missões; a segunda foi a aprendizagem teológica com os monges, seja no que se refere a questões mais usuais da Teologia, seja no estudo de autores como Teresa d'Ávila e João da Cruz.

Aprendi, fora da universidade, a prática da meditação, do estudo silencioso, da disciplina intelectual (reforçada pelos jesuítas) e da produção dos meios de subsistência autônoma; aprendi, também, a falar em público nas pregações e nos contatos missionários. Por fim, aprendi a conviver em grupo, partilhando a vida e os bens materiais.

No entanto, ao final de 1975, concluí que a vida monástica e o trabalho sacerdotal não eram meu horizonte mais forte de adesão; nesse ano, encerrei a experiência e, ao mesmo tempo, a graduação em Filosofia.

Ao sair do convento, a docência (que me seduzia desde muito) foi o caminho mais direto para alguém com formação em Filosofia. Ainda enquanto terminava a graduação, a própria instituição me convidou para nela dar aulas a partir do ano seguinte da conclusão, e nesta, na qual já era professor-auxiliar desde o segundo ano da faculdade, fiquei como docente titular entre 1976 e 1988, quando fechou as portas.

Em 1977 fui aceito como docente da PUC-SP e contratado para ensinar Problemas Filosóficos e Teológicos no Homem Contemporâneo em 1º de março de 1977, quatro dias antes do meu aniversário, o que permitiu que eu, na época um solteiro de 22 anos, pudesse alardear que a minha carreira começou ali (naquele tempo podíamos ainda atuar sem sermos mestres ou doutores). Na PUC-SP fiquei por 35 anos, aposentando-me em 2012 como professor titular, tendo exercido docência e pesquisa no Departamento de Teologia e Ciências da Religião e na Pós-graduação (mestrado e doutorado) em Educação: Currículo, mesmo programa no qual me tornei mestre (1989) e doutor (1997).

Uma situação complementar que me fez levar a Filosofia para outras instâncias foi, a partir de envolvimento na política partidária durante 30 anos, ter participado da gestão pública municipal em São Paulo durante os anos de 1989 e 1992, sendo que no último biênio desse período fui secretário de Educação.

Em função do cargo público, dei dezenas e dezenas de entrevistas para rádios, televisões, jornais e revistas, participei de vários debates e... tomei gosto pela coisa. Percebi que a mídia é uma ferramenta político-pedagógica da qual não podemos nos apartar e se situa como um campo privilegiado para a prática educacional.

Essa presença na mídia é, no meu entender, uma das tarefas mais substantivas à qual deve dedicar-se um intelectual na sua militância acadêmica. Afinal, é uma forma contundente de repartir e submeter à crítica aquilo que produzimos na universidade e, mais ainda, aproveitar as novas tecnologias como forma de repartir saberes, permutar conhecimentos, partilhar indagações, isto é, tudo o que também a Filosofia, e eu nela, podemos fazer.

Agora, nestes tempos em que a Filosofia ultrapassa as paredes das salas de aula e bibliotecas, disseminando-se pelo mundo digital, entendo melhor o que quis dizer Guimarães Rosa quando advertiu sabiamente: *"Não convém fazer escândalo de começo; só aos poucos é que o escuro é claro".*

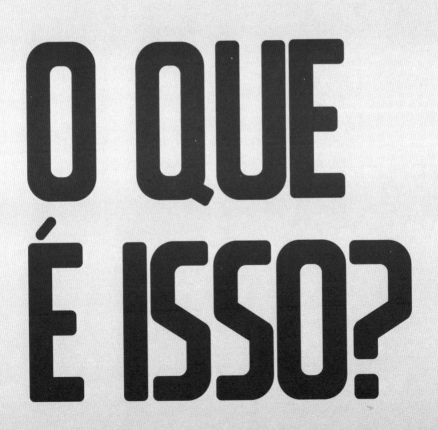

Filosofia é um modo de pensar – sistemático, organizado e metódico com questões precisas daquilo que se faz – para indagar sobre os porquês. E *por que* não é *como*. Quem pergunta pelo *como* é a ciência.

A Filosofia se preocupa em pensar as razões da existência. Pensar aquilo que, de fato, faz com que o ser humano tenha sentido. Por exemplo, do que é feita a realidade? Por que é deste modo e não de outro? Qual o propósito que as pessoas dão à vida? Qual o lugar do mal dentro disso? A felicidade existe ou é ilusão? Por que existe alguma coisa, em vez de nada existir? Por que as coisas são como são? Por que eu estou nessa rota? Qual a origem do mal? Por que nós somos finitos? Para que existimos para depois deixarmos de aqui estar? Será que essa ideia de amizade em que chamamos todo mundo de "amigo" não é superficial?

Ao levantar questões dessa natureza, a Filosofia nos conduz a reflexões sobre a condição humana, e muitas vezes sobre questões que nos angustiam. Não do mesmo modo como faz a Psicanálise e a Psicologia, tampouco como faz a área da Pedagogia, nem como examinam a Sociologia ou a Antropologia.

Mas, ao olhar também para o nosso lado interno, ela pode nos auxiliar na rota do autoconhecimento. E aqui cabe recorrer a Sócrates, em frase por ele difundida de forma extensa: "Conhece-te a ti mesmo". Isto é, olhar, refletir, pensar, para não ter uma vida automática, robótica, servil. É a ideia de uma existência que tenha consciência.

Um grande pensador do Brasil, Luis Roberto Salinas Fortes (1937-1987), que foi professor da Universidade de São Paulo, dizia que não basta delirar e achar que está filosofando.

Convém reforçar: a Filosofia é a atitude metódica, disciplinada, estruturada e intencional de indagação sobre as razões de ser das coisas e fatos, de maneira a produzir consciência e inovação. A rotina do cotidiano nos leva muitas vezes a agir e viver no modo automático ou robótico, e isso impede a clareza das direções e bloqueia as condições para a edificação do inédito; a Filosofia é um brado de "alto lá!"

A Filosofia também inquieta, e a inquietação costuma ser criativa. Quando alguém, em vez de ficar animado com o que faz, fica apenas satisfeito, deixa de ir adiante. Afinal, só quem se sabe ainda pequeno é capaz de crescer, enquanto aquela pessoa que já está satisfeita com a dimensão que atingiu costuma se deixar levar pela acomodação. Em um mundo de mudanças velozes, acomodar-se é perecer ou ficar ultrapassado.

Eu, particularmente, aprecio muito o conceito de insatisfação positiva, que é quando se quer mais e melhor. Assim como há a insatisfação negativa, que é a da chateação, do resmungo, da tristeza, há a insatisfação positiva. Não é aquela que coloca a pessoa na situação de ficar se lamuriando "as coisas não funcionam", "nada dá certo", "ninguém gosta de mim". A insatisfação quando marca uma busca de crescimento tem uma positividade bastante presente.

Costumo recorrer a uma frase magnífica do pensador britânico Benjamin Disraeli (1804-1881) que diz que "a vida é muito curta para ser pequena". O que é uma vida pequena? É aquela vivida de forma banal, fútil, superficial, medíocre. Por isso, para recusar o apequenamento da vida, é preciso refletir sobre o perigo da mediocridade.

Medíocre não é a pessoa que não consegue ser famosa, que não acumula riqueza ou que não alcança altos cargos nas organizações, mas aquela que não se torna importante. E cabe reparar no sentido da palavra "importante", que significa aquela que é levada para dentro (portada para dentro, importada) das outras pessoas. Uma pessoa importante é alguém que, quando deixar de viver, fará muita falta. E isso, não fazer falta, é sintoma de vida fracassada.

A prática da reflexão filosófica, mesmo que não se tenha intenção de ter isso como profissão (não precisa ser filósofo para filosofar!), exige que prestemos atenção no que, lá no século VIII, o monge britânico Beda (672-735), também conhecido como o Venerável, escreveu: *"Há três caminhos para o fracasso: não ensinar o que se sabe; não praticar o que se ensina; não perguntar o que se ignora".*

Esse pensamento é fundamental para entendermos como a Filosofia pode nos ajudar a não vivermos de modo automático, egoísta ou alienado. Ao colocar a frase de Beda no sentido positivo, as virtudes nela contidas ficam ainda mais claras. *"Há três caminhos para o sucesso: ensinar o que se sabe, praticar o que se ensina e perguntar o que se ignora."*

Vale desmembrar a sentença para avançarmos na reflexão.

"Ensinar o que se sabe" significa ter generosidade mental. Aquele que compartilha conhecimentos e ideias fortalece as pessoas à sua volta, e, ao dar maior vigor aos que conosco na vida estão, ganhamos todos nós, especialmente porque o repertório de competências coletivas fica expandido. Quem tem alguma habilidade ou capacidade e não a reparte pode até levar alguma vantagem momentânea, mas enfraquece as possibilidades para preservar a comunidade.

"Praticar o que se ensina" tem a ver com coerência ética, pois torna evidente o equilíbrio entre aquilo que se fala e aquilo que se pratica. É o que faz uma pessoa autêntica. O termo "autêntico" diz respeito àquela pessoa que coincide com ela mesma. Desse modo, quem não pratica o que ensina perde a autenticidade. Perde validade no modo de ação, de reflexão, de pensamento. Praticar o que se ensina é não dizer uma coisa e fazer outra. Autenticidade é um valor ético a ser partilhado, ensinado e, aci-

ma de tudo, praticado. Faz parte do nosso aprendizado coletivo.

A última parte do enunciado *"perguntar o que se ignora"* é um sinal de humildade intelectual. Afinal de contas, pior do que não saber é fingir que sabe; pior do que não conhecer é fingir que conhece.

O conhecimento começa exatamente quando sei que não sei algo, quando tenho consciência da minha ignorância e de que é preciso suprir essa lacuna! O ato de dizer "não sei" demonstra humildade, o que é diferente de subserviência. Como costumo dizer, uma pessoa subserviente é aquela que se dobra a qualquer coisa, que se humilha e se enfraquece. Já aquela que tem humildade sabe que não sabe tudo, é alguém desprovido de arrogância. Nesse ponto reside uma considerável diferença.

Gente grande de verdade sabe que é pequena e, por isso mesmo, cresce. Gente pequena acha que já é grande o suficiente e, para crescer, tenta diminuir outras pessoas!

Não é por acaso que nós entendemos como importantes pessoas que dão lição de humanidade, porque elas dão lição de humildade. Não é casual que as palavras "humano" e "humilde" tenham a mesma origem. Ambas vêm de *humus*, que significa "terra fértil".

Assim a Filosofia, como uma dedicação persistente e coerente sobre a razão dos nossos pensares e agires, precisa da humildade como fonte protetora da sabedoria.

Essa é uma das marcas que faz com que Sócrates seja uma referência do pensamento filosófico. A esse pensador grego do século V a.C. é atribuída a frase: "Só sei que nada sei". Ao proferir essa fala, Sócrates evidentemente não estava afirmando que nada sabia, de fato. Filósofo por excelência, ele estava tentando explicitar uma condição mais abrangente e profunda. O sentido dessa afirmação poderia ser interpretado como "só sei que nada sei por inteiro", "só sei que nada sei por completo", "só sei que nada sei que só eu saiba", "só sei que nada sei que não possa vir a saber", "só sei que nada sei que eu e outra pessoa não saibamos juntos". Esse posicionamento é o primeiro degrau para nos afastarmos do risco da mediocridade.

Sócrates tinha disposição para essa prática da reflexão estruturada sobre a vida e o mundo. Demonstrava inclinação para formular perguntas sobre os porquês, as razões da existência e dos fatos. Debruçava-se sobre a realidade para entendê-la.

Você sabe e eu sei: não basta entender a realidade; temos de nela interferir para que possa ser melhor, para todas as pessoas, além de para mim, como uma ação deliberada e decente, o que dá à Filosofia uma vertente também prática, por mover pessoas e estas moverem o mundo, inventando e reinventando a vida.

Ao propor-se como reflexão sistemática, trazendo à tona as grandes questões que sempre estiveram fustigando a humanidade, a Filosofia nos deixará mais capazes de lidar melhor com a nossa vida em meio a tantas vidas.

Nós, seres humanos, somos, para usar uma expressão do escritor italiano Umberto Eco (1932-2016), uma "obra aberta". Estamos em constante processo de invenção e reinvenção. Nesse sentido, uma das grandes dádivas que recebemos é não nascermos prontos. Somos capazes de nos inventar, reinventar, fazer e refazer. Temos a oportunidade de vivermos uma vida que não precisa ser marcada pelo automatismo e pela conformidade.

Eu preciso me rever, me reinventar. Não sou inédito, pois para isso eu precisaria ser como nunca fui. Mas eu não sou mais o mesmo que fui no passado, porque eu não quero ficar aprisionado num único modo. Se assim o fosse, em vez de ter raízes, eu ficaria com âncoras.

Um livro meu chamado *Não nascemos prontos!* contesta uma frase que circula por aí que diz que, quanto mais uma pessoa vive, mais velha ela fica. Isso é uma bobagem. Para que alguém quanto mais vivesse, mais velho ficasse, teria de ter nascido pronto e ir se gastando. Isso não acontece com gente. Isso acontece com fogão, sapato, geladeira. Nós não nascemos prontos e viemos nos gastando; ao contrário, nascemos não prontos e vamos nos fazendo.

À medida que vivemos, vamos montando uma espécie de edição atualizada de nós mesmos, e a Filosofia pode nos ajudar a que essa edição, revista e ampliada, seja mais relevante.

3 PARA QUE SERVE ISSO?

Para que a Filosofia nos apoie numa construção melhor de nós mesmos precisamos afastar alguns mitos que envolvem o lugar da Filosofia no cotidiano e sua utilidade.

O maior deles se baseia na suposição de que a Filosofia proporcionará um arejamento do ponto de vista da consciência, da reflexão. Cabe alertar a quem queira se dedicar à Filosofia que é altamente prejudicial supor que ela serve para ensinar a pensar. É necessário lembrar que pensar é um atributo atávico da nossa espécie. Não é ensinado. Alguém pode até argumentar: "Não, mas é que a Filosofia ensina a pensar de forma crítica". Não necessariamente. Até porque a Filosofia pode ser colocada a serviço de propósitos indignos, de motivações indecentes. Basta observar que os nazistas tinham seus filósofos. As ditaduras têm os seus filósofos.

A Filosofia pode, até mesmo, ser negativa em algumas circunstâncias. Quando, por exemplo, ela é entendida como uma norma de conduta exclusiva, em que se diga "este pensamento deste autor ou desta linha é o único que tem validade, e o restante é descartável". Esse exclusivismo temático é negativo. Não só na Filosofia, mas nela esse aspecto costuma vir à tona, por conta do encantamento que ela tem por se aproximar da ideia de verdade.

Isso significa que a Filosofia em si não tem a pureza que se deseja, ela precisa ser purificada. Essa purificação vem à medida que nós retiramos dela qualquer marca de doutrinação e procuramos ser objetivos, para que nela não haja forma alguma de autoritarismo.

No meu entender, é da natureza do pensamento filosófico ser capaz de dizer às pessoas *"pense nisso"* em vez de *"pense isso"*. Porque o "pense isso" é o pensamento impositivo, enquanto que o "pense nisso" é a oferta de uma série de indagações para uma reflexão que torna a nossa existência mais nítida, mais clara, mais consciente e, portanto, menos alienante.

A Filosofia por si, como disciplina, não tem o poder de desalienar. Nada é por si mesmo libertador ou alienador. Dependerá do conteúdo e do contexto.

Nunca me perguntaram o que eu não gosto na Filosofia, porque a suposição é de que quem transita pela área é sempre um apaixonado. Faço ressalvas, uma vez que a paixão é a suspensão temporária do juízo. Eu tenho uma grande admiração, uma grande apreciação pela Filosofia, mas não sou apaixonado por ela. Porque, se eu fosse, muito provavelmente eu perderia minha capacidade de objetividade; perderia até mesmo a possibilidade de manter um distanciamento crítico.

Existem aspectos de que não gosto na Filosofia. A capacidade de ela nos capturar, de nos escravizar em alguns momentos, a partir de alguns esquemas mentais que podem nos levar a um afastamento da realidade.

Com a Filosofia eu tenho uma relação amorosa. Mas não me perco dentro dela e nem quero que ela se perca em mim. Eu a respeito e quero ser por ela respeitado, até mesmo com as minhas dúvidas, e, ainda bem, as tenho muitas.

Quais são as razões de eu estar aqui e não em outro lugar quando nasci? Por que neste tempo e não em outro? Qual o nosso lugar nesse espaço em que estamos? Existe uma causa, existe um sentido, é fruto do acaso?

As dúvidas, os questionamentos, as indagações são molas propulsoras do pensamento filosófico. O nosso lugar no universo, na vida, na história sempre foi uma preocupação da Filosofia (embora não exclusivamente dela).

O filósofo e matemático francês Blaise Pascal (1623-1662) tratou dessa questão na obra póstuma *Pensamentos*, publicada em 1670, em que escreve: *"Quando considero a duração mínima de minha vida absorvida pela eternidade precedente e seguinte, o espaço diminuto que ocupo, e mesmo o que vejo na infinita imensidade dos espaços que ignoro e que me ignoram, assusto-me e assombro-me de me ver aqui antes que lá, pois não há razão por que antes aqui do que lá, antes no presente do que então".*

Essa forte reflexão resulta de uma necessidade de entender qual é, de fato, a nossa razão de ser. Por que agora e não antes, por que aqui e não lá, por que nessa eternidade que nos antecede e nos sucede? Por que nesse instante, por que sim, por que não? A Ciência, a Arte, a Filosofia, a Religião, buscam intensamente trabalhar essa angústia externada por Pascal.

A dúvida é uma acompanhante constante de quem pensa questões inerentes à existência humana. No mundo ocidental, o pensador que mais lidou com a ideia da dúvida foi o francês René Descartes (1596-1650), outro filósofo que também produziu conhecimento no mundo da matemática, em que ficou especialmente marcado pelo produto cartesiano. Descartes é famoso pela expressão "Penso, logo existo", presente na sua obra *Discurso do método*.

Uma das buscas de Descartes era encontrar o conhecimento indubitável. Aquele em que se possa afirmar a existência de uma certeza sobre a qual não se possa colocar em dúvida. Descartes vai desenvolver um raciocínio que pode até parecer um silogismo (conexão de ideias de forma lógica que possa levar a uma dedução) de brincadeira, mas não o é.

Ele dizia ser possível duvidar de tudo, daquilo que enxergo, daquilo que penso, daquilo que imagino, mas eu só não posso duvidar da própria dúvida. Afinal de contas, se eu duvidar da própria dúvida, eu já estou duvidando, e a sequência do raciocínio, se eu duvido, é porque eu penso, e se eu penso é porque eu existo. Portanto, diria Descartes, o fundamento da minha existência é a certeza de que eu posso duvidar, e se eu só duvido porque penso, o fundamento da minha vida é o pensamento.

Daí a frase cartesiana "Penso, logo existo", que parece óbvia num primeiro momento, mas, escavada dentro da Filosofia, indica um dos modos de olhar a certeza da própria vida. Para Descartes, eu sei que tenho vida porque sou capaz de pensar sobre ela. Vale reforçar: não é o único modo, mas é um deles.

A diferença entre a Filosofia e as outras áreas que se ocupam da condição humana e sua relação com as coisas no mundo reside na forma de se abordar determinadas questões. Como já mencionado, a Filosofia deseja perguntar sobre os porquês, interpretar a realidade, não se conformar com o óbvio. A Filosofia se dedica a pensar as razões da própria existência humana, enquanto a Ciência, por exemplo, se atém mais aos "comos" das coisas.

O pensador britânico Julian Huxley (1887-1975), irmão do famoso escritor Aldous Huxley, autor do clássico *Admirável mundo novo*, faz uma distinção divertida ao comparar a Filosofia com o campo da religiosidade. Julian, que também era biólogo e foi o primeiro diretor-geral da Unesco, em 1946, escreve no livro *O homem no mundo moderno*: "Lembro a história do filósofo e do teólogo, os dois estavam discutindo e o teólogo recorreu à velha piada do filósofo parecido com um cego num quarto escuro, à procura de um gato preto que não estava lá. Pode ser, respondeu o filósofo ao teólogo, mas, com certeza, um teólogo teria encontrado esse gato".

Essa ironia feita por Julian Huxley é muito forte nesse debate sobre Filosofia e Teologia, à medida que a Filosofia, na sua trajetória, se aproxima muito mais do mundo da racionalidade, daquilo que é a comprovação, mesmo que de base apenas racional e não necessariamente experimental, do que o campo da Teologia. Trata-se de uma saída muito interessante para essa história quando acusam os filósofos de procurarem gato preto num quarto escuro onde não há um gato, e, nesse debate com o teólogo, o filósofo teria respondido: "é mesmo, mas você, teólogo, teria achado o gato lá dentro".

Uma provocação para acentuar a diferença entre ver para crer e crer para ver.

Mas a dúvida não é só uma questão de filósofos. Ela se faz presente no nosso cotidiano e pode ser uma grande aliada nossa. Claro! Duvidar daquilo que está estabelecido, que vem se perpetuando pela rotina, pode ser um passo decisivo para se pensar em algo novo ou feito de outro modo ou olhado por um outro ângulo. Ter dúvidas pode nos fazer crescer. Não se pode duvidar de tudo, o tempo todo, pois a ação ficaria congelada, mas não duvidar em momento algum reduz nosso repertório de inovação.

Curiosamente, nós carregamos um certo trauma em relação à dúvida, em grande medida porque a escola fundamental nos incutiu a ideia da dúvida como um defeito, uma deficiência. A professora perguntava ao final da aula: "Alguma dúvida?", já num tom de voz exclamativo e, ao mesmo tempo, depreciativo. E nenhum aluno levantava a mão. Nas raras vezes em que um colega se manifestava, era tripudiado pelo resto da sala. Como se ter dúvidas fosse sinal de indigência mental, quando, na realidade, é o contrário, trata-se de um sinal de inteligência. Um aluno com personalidade questionadora ou que tem curiosidade sobre as coisas aumenta o seu repertório, a sua capacidade de raciocínio e análise.

Aliás, cuidado com gente cheia de certezas. Gente cheia de certezas só é capaz de repetir o que falam. O fabuloso escritor carioca Millôr Fernandes (1923-2012) advertia que "se você não tem dúvidas é porque está mal-informado".

Aquele que acha que já sabe geralmente é arrogante. A arrogância é o vício dos ineptos. E isso é o passo mais decisivo para tornar-se descartável em relação a um mundo que muda velozmente.

Afinal de contas, o primeiro passo para você sair do fundo do poço é parar de cavar. E a arrogância é a pá principal daqueles que cavam o seu próprio buraco. Nem sempre o jovem tem clareza disso, nem sempre o idoso tem clareza disso.

Para jovens e idosos, em qualquer idade, a pior certeza, impregnada de arrogância, é achar que o que do passado veio é sempre ultrapassado; a pior forma de tolice é achar que, o que do passado veio, é sempre válido!

Válido é o que foi criado antes de nós e entre nós permanece, cheio de significado e utilidade; ultrapassado é o que não tem mais lugar. Assim, não é casual que a gente chame aquilo que, vindo do passado, continua valendo agora, de *clássico*!

Quero ser livre; quero filosofar com a minha própria cabeça, tomando como referência a cabeça dos outros, especialmente o pensamento de muitos que está registrado nos clássicos. Quero me encantar com os clássicos da Filosofia para fazer a minha cabeça ficar melhor, e sempre preservar a minha liberdade.

Ser livre para pensar por mim mesmo e poder existir de maneira decente e consciente com os outros e com as outras que comigo fazem a vida.

4
ISSO NÃO É COISA DE VELHO?

No livro *Filosofia e Ensino Médio – Certas razões, alguns senões, uma proposta* inseri uma extensa argumentação a favor do pensamento clássico (jamais do pensamento velho!) e aqui a recupero para estender a partilha, dado que uma série de questões vem à tona quando se fala em "clássico".

Será que o clássico é o importante? É aquilo que é valorizado de forma mais efusiva? Ou é clássico porque foi classificado por alguns especialistas como tal?

Para iniciar a reflexão é necessário buscarmos a origem da ideia de clássico. Em latim, o radical *class* significa "convocar, chamar". O termo foi introduzido por Sérvio Túlio, o sexto rei de Roma, em meados do século VI a.C. Ele fez a primeira *classis juniores*, de jovens, e a primeira *classis seniores*, dos mais idosos, que eram convocações militares para o exército romano.

Depois, essas convocações se estenderam para atividades ligadas à gestão do Estado, fosse na tarefa de dirigentes, de operadores, de trabalhadores ou de soldados. É daí que vem a expressão "classes sociais".

Na Roma antiga, a classe dos mais importantes, do ponto de vista econômico, político e social, era chamada a dos patrícios, e a dos menos importantes era a dos plebeus. Mais tarde, vai-se introduzir uma terceira classe, e de onde surgirão as expressões: "isso é de terceira classe" ou "de segunda classe" ou de "terceira categoria". A terceira classe era a daqueles que nem eram os dirigentes nem a plebe, ou seja, o grande povo, que não tinha nada (mais tarde, "proletário", pois tinha apenas a própria prole).

Como isso chega ao campo da literatura, da estética, da música, da poesia, ao campo das artes em geral e da produção intelectual? Evidentemente, uma classe social como a dos patrícios – que elaborava a sua cultura letrada ou a sua cultura de expressão estética – entenderá, legitimará, autorizará como sendo a melhor produção aquela que for a da sua própria classe. O que será entendido como clássico? O que pertencer à classe superior.

É por isso que a produção na escrita, na música, nas artes plásticas, na própria arte do conhecimento e da Filosofia – portanto, na arte da reflexão –, tudo aquilo que estiver ligado à classe superior será chamado de clássico.

Contudo, com o passar dos anos no mundo ocidental, o termo clássico será utilizado para designar aquilo que tem maior perenidade. Nesse sentido, se um clássico é aquilo que tem mais condições de sobrevivência através dos tempos, está ligado à ideia de que se foi introduzido entre os bons, entre os melhores, ele precisa ser continuamente retomado e reproduzido.

A partir daí, a ideia de clássico na Antiguidade vai ganhar uma outra conotação: o clássico como sinônimo de exemplar, isto é, como referência estética, nos campos da Filosofia, da arte, do conhecimento.

A passagem da ideia de clássico para a noção de exemplar, de paradigma, significa mostrar o clássico como aquele a partir do qual as coisas fazem sentido.

Para pensarmos a necessidade dos clássicos no mundo contemporâneo é necessário que percebamos se essa noção classista, isto é, ideológica, permanece nos nossos tempos. Sem dúvida.

Não é casual que dificilmente deixaríamos de saber classificar – e a palavra "classificar" vem de clássico –, estabelecer uma hierarquia de obras que valem e outras que valem menos. Há pessoas, por exemplo, que se ofendem se alguém pergunta: "Você leu tal autor?" A resposta é: "Eu não leio esse tipo de coisa".

No entanto, cautela a cada um de nós com o preconceito, que nos leva, muitas vezes, a não entender como clássicos algumas coisas só porque elas não estão dentro do padrão estético aceitável na literatura, na música, nas artes plásticas.

Com o tempo, especialmente nos últimos 150 anos, a ideia de clássico foi ganhando uma conotação que considero mais positiva.

Entendo que clássico é aquilo que mantém a sua vitalidade, que continua nos inspirando, nos renovando. Seja uma sinfonia de Beethoven (1770-1827), seja um texto de Aristóteles (384-322 a.C.). Clássico é aquilo que mexe com você, que o emociona, que o movimenta, que faz com que você se incomode, reflita, pense, rejeite. Lida com a sua vida, com o seu prazer, com a sua emoção.

Clássico é aquilo que sustenta a vitalidade. Por isso a ideia de clássico não pode estar exclusivamente ligada à condição de uma obra produzida pelas elites.

Um pensamento como o do educador pernambucano Paulo Freire (1921-1997) é produzido nos anos de 1960, mas é absolutamente atual. Quando Paulo Freire discute o tema do oprimido, fala da educação excludente, é absolutamente atual (espera-se que não para sempre). *A Divina comédia*, de Dante Alighieri (1265-1321), é um texto que mantém uma atualidade na minha reflexão sobre virtudes, vícios, caminhos religiosos, tormentas humanas.

O mesmo se dá quando eu pego a reflexão de Parmênides (c. 530-460 a.C.) no século VI a.C., sua discussão sobre o ser, sobre a permanência ou a mobilidade, ou quando eu capturo de passagem uma frase clássica (porque permanente e atual) de Heráclito (c. 535-475 a.C.), outro pensador do século VI a.C., do qual há o fragmento conhecido: "Nenhum homem toma banho duas vezes no mesmo rio". Porque quando você volta, nem o rio é o mesmo, nem você é o mesmo. Isso tem pelo menos 2.500 anos e é atual.

Aliás, Heráclito é cada vez mais atual. Ele tem uma frase que se aplica aos nossos tempos: "A única coisa permanente é a mudança".

O clássico tem a grande capacidade de colocar temas que não só sustentam uma universalidade, ou seja, encantam boa parte das pessoas, como uma atemporalidade, não no sentido de não estar vinculado a seu tempo, mas de resistir à passagem do tempo e manter a sua atualidade.

Cuidado, no entanto, para não imaginar que clássico é só aquilo que ficou no passado distante. Existem clássicos próximos a nós. Como a música *Eu te amo*, de Chico Buarque e Tom Jobim (1927-1994), composta em 1980, que seguirá estupenda por muitos anos.

Nesse sentido, qual é a necessidade dos clássicos no mundo atual?

Tudo o que vem do passado deve ser olhado sob dois pontos de vista. Aquilo que precisa ser mantido, protegido, levado adiante é o clássico. Porque ele é *tradicional*. Por outro lado, muita coisa da nossa história tem de ser deixada lá. Porque já está superada, ultrapassada. A isso se chama de *arcaico*.

Nem tudo que vem do passado tem de ser trazido para agora, porque é arcaico. No entanto, muito da história humana, especialmente da história da Literatura, da Arte, da Filosofia, da Religião tem de ser trazido para a atualidade, por ser tradicional.

Muitas vezes se usa a palavra "tradicional" no sentido negativo. Por exemplo, na educação: "Ah, essa aí é uma escola tradicional", em tom pejorativo. Talvez as pessoas queiram dizer: "Essa aí é uma escola arcaica". Porque a tradição é uma coisa importante. Um museu é um lugar para guardar tradição e, assim, levá-la adiante.

Nesse momento, se eu separo o tradicional do arcaico, é necessário lembrar que o clássico é tradicional.

Pode deixar de sê-lo? Pode. Quando ele deixar de emocionar, quando perder a atualidade. Talvez algumas coisas daqui a 50 ou 100 anos percam a atualidade e, dessa forma, saiam do meio do clássico. Platão, Aristóteles, Tomás de Aquino, Agostinho, Descartes não perderam a atualidade.

Quando Descartes, no século XVII, começa a refletir sobre a necessidade de colocar sob suspeita tudo o que parece ser absolutamente seguro, isso é atual, clássico. Quando Agostinho, no século V, diz uma frase muito pertinente aos tempos atuais da publicidade, da propaganda e da política: "Não sacia a fome quem lambe pão pintado", isto é, aqueles que se contentam com os simulacros, com as meras representações. Quando se recorre a Platão em *A república*, encontra-se um pensamento absolutamente atual.

Todos os dias novas coisas aparecem. É necessário fazer uma distinção entre *novo* e *novidade*. O mundo consumista, regido pelo mercado, vive muito hoje da novidade, não do novo.

Mário de Andrade (1893-1945) não é novidade, é novo. A Semana de Arte Moderna de 1922 em São Paulo é nova, ainda perturba nossas certezas cristalizadas. Ao ouvir Villa-Lobos (1887-1959), sente-se a tradição trazida do folclore brasileiro, com o *Trenzinho caipira*, aquilo soa familiar. Mas há coisas de Villa-Lobos que incomodam, instigam, revolucionam. Ninguém deixa de se emocionar ao ouvir a *Bachiana n. 4*.

E uma coisa que emociona no clássico é quando você mergulha dentro dele de uma forma inédita.

Tal como a primeira vez que você entrou no mar, em que você sentiu a areia no seu pé descalço, em que você sentiu um beijo. Aquele que se torna inesquecível. Sabe aquele beijo clássico? Aquele que você passa o resto da sua vida tentando atualizar nas pessoas que encontra na vida? Porque, no fundo, você está atrás do seu beijo clássico, que é aquele que nunca foi esquecido, que produziu uma sensação absolutamente inédita. Às vezes, você encontra alguém que reencarna aquele beijo clássico, e é com esse que você fica. Como acontece com muitas músicas, livros, ideias...

O clássico tem uma permanência no tempo porque ele atualiza as nossas dúvidas, angústias, reflexões, perplexidades. O clássico é aquilo que movimenta a nossa emoção. Porque o clássico consegue produzir o encantamento, mover-nos para o futuro.

O clássico, como a Filosofia (cheia de clássicos!), não é coisa de velho, é coisa de gente que entende muito bem o que dizia Millôr Fernandes, quando tinha 80 anos de idade (morreu com 88): *"Atenção, moçada! Quando eu disser 'no meu tempo' quero dizer daqui a 10 anos!"*

E ISSO COM O MEU TRABA-LHO?

5

Somos seres movidos a futuro. Construímos no presente aquilo que entendemos ser a escada para chegar ao futuro. E isso se aplica também ao nosso projeto de carreira.

A palavra "projeto" significa jogar adiante. É aquilo que eu jogo adiante e vou buscar. Independentemente da área escolhida, a construção da carreira precisa ser movida a sonhos. Cabe alertar que sonho é diferente de delírio, de divagação, de distração. Sonhar é ter uma expectativa a qual se queira atingir. Delirar é imaginar algo que não tem como se tornar factível, viável.

Sonho, no sentido de desejo, é algo a ser buscado, construído no cotidiano e, passo a passo, ele fica mais próximo de virar realidade. É necessário, no entanto, lembrar que carreira, tal como o sonho, é um horizonte, não é um lugar aonde você chega. Por quê? Porque se você supõe que realizou o sonho, a tendência é se acomodar, ficar estagnado e, dessa forma, perder vitalidade.

O sonho é o horizonte, é algo que você vai buscando e (felizmente) não alcança por completo. Não se chega ao estado perfeito. Em latim, feito por completo é *perfectum*. Portanto, perfeito é feito por inteiro, feito por completo, acabado. Um sonho que acaba subtrai a vitalidade. Por isso, carreira é um processo em que você vai sempre buscando novas situações. Alguém que se encontra num estado de satisfação, que acha que já está pronto, perde energia vital, passa a colecionar uma série de mortes cotidianas.

Cada um de nós vive o dia a dia para construir o amanhã. Claro, tem que se viver o hoje também, mas não apenas. Pois assim se ficaria num imediatismo extremamente arriscado, sem semear o futuro.

A carreira é uma trajetória que se constrói. Se você, por exemplo, faz um curso de graduação de quatro anos, o quinto ano será o resto da sua vida. Se faz um curso de cinco anos, então o sexto ano será o resto da sua existência. Não existe mais aquele padrão marcado, fechado, que predominou até meados dos anos de 1990, com a ideia de ficar 40 anos em uma empresa. A carreira linear, com tudo muito estável e previsível, hoje é apenas um registro de tempos passados. Um dia foi assim...

Nos últimos 30 anos houve um reordenamento do mundo do trabalho que exigiu uma nova postura dos profissionais. Mais do que emprego, a busca passou a ser por empregabilidade, que é a capacidade de reunir os atributos necessários para se manter no mercado de trabalho. Para isso é preciso ser capaz de lidar com um mundo que muda velozmente, com cenários turbulentos, e isso requer prontidão. Não significa que é necessário partir o tempo todo, mas é preciso estar apto quando for o caso.

Convém lembrar que existe uma diferença entre ter a possibilidade de ser flexível e a de ser volúvel, e isso a Filosofia nos ensina.

A pessoa flexível é aquela capaz de alterar a rota, o plano inicial e mudar aquilo que está fazendo. O antigo pensador latino Publílio Siro (85-43 a.C.) dizia de forma incisiva que "um plano que não pode ser mudado não presta". Nesse sentido eu tenho, sim, uma rota para as coisas, mas posso alterá-la. Até porque hoje as opções de dar sequência à carreira são mais numerosas. Isto é, os trilhos não são mais os únicos naquela mesma direção concebida inicialmente.

Esse ambiente de desafios demanda dos jovens algumas posturas e competências:

1) *Ter flexibilidade* – Uma pessoa inflexível tem pouca condição de sobrevivência no mercado de trabalho. Em relação à nossa própria espécie, o cientista britânico Charles Darwin (1809-1882) nunca disse que a sobrevivência era do mais forte; mas, sim, do mais apto, daquele com maior capacidade de adaptação. Aliás, se fosse pela primazia dos mais fortes, os dinossauros estariam por aqui ainda. O mais apto é aquele que tem flexibilidade, e essa é uma virtude fundamental também para o mundo do trabalho. É necessário ser flexível, mudar quando a situação assim exigir, em vez de fincar âncoras na comodidade

da repetição. Insisto: não se confunda flexibilidade com volubilidade. Uma pessoa flexível é aquela capaz de alterar o que pensa e o que faz se houver razões suficientes para isso. Uma pessoa volúvel é aquela que abre mão com facilidade das convicções.

2) *Saber agregar competências* – Não existe mais a possibilidade de a competência ser apenas individual. Hoje, a minha competência acaba quando acaba a do outro. Num grupo, numa área, numa empresa, se a sua competência diminui, a minha se reduz também. Se a sua competência aumenta, eleva a minha também; daí, a relevância maior do que antes ficou registrado: o valor da generosidade mental (ensinar o que sabe). Quem sabe reparte, quem não sabe procura!

3) *Manter a consciência ética* – O trabalho não pode degradar a própria integridade. Não se deve seguir a lógica do "fazemos qualquer negócio" e de obter vantagens "a qualquer custo". Isso é extremamente perigoso, pois pode afetar reputações e comprometer definitivamente uma carreira. É preciso ser ético e competitivo. Porque uma competitividade sem ética não é competição, é predação. E tem coisa que não se faz. Alguém poderia argumentar: "Mas se eu não fizer isso, eu não entro no circuito". A escolha é sua. Ética pressupõe liberdade. Os cristãos atribuem a Jesus de Nazaré uma frase que eu acho magnífica: "De nada adianta a um homem ganhar o mundo se ele perder a sua alma". A escolha sobre perder ou não a alma é de cada um. Pode ser que você tenha que adiar a entrada no mercado, pode ser que você fique privado de algumas condições materiais, mas vender a alma será uma escolha individual.

4) *Ter a noção de que carreira é dinâmica* – A graduação faz parte da carreira, mas não é sinônimo de carreira. Até porque é cada vez mais comum pessoas se formarem numa área e atuarem em outra dali um tempo. Engenheiros que migram para o ramo de gastronomia. Economistas que vão dirigir uma pousada. Não há uma correspondência imediata entre graduação e carreira. Há 20 anos, quem fazia Curso de Direito era advogado ou um profissional nas áreas pública ou policial. Quem fazia Curso de Medicina, ia atuar exclusivamente nessa área. Hoje não há mais essa lógica. Os saberes são intercambiáveis. Pessoas se formam numa área e fazem pós-graduação em outra, gerando complementaridade no conhecimento.

Vale lembrar também que o tempo de vida média estendeu-se; logo, a possibilidade de desempenhar funções diferentes ao longo da vida é bem maior do que no tempo dos nossos avós.

Nesse contexto é conveniente alertar que existe diferença entre emprego e trabalho, uma distinção que ultrapassa o registro na carteira de trabalho. Em termos mais técnicos, trabalho é a sua ocupação, aquilo que você faz. Emprego é um tipo específico de trabalho subordinado a uma estrutura, a uma hierarquia, a uma corporação.

Mas eu costumo fazer um outro tipo de diferenciação: emprego é fonte de renda, enquanto trabalho é fonte de vida. Trabalho gera vitalidade, emprego muitas vezes garante apenas dinheiro. O trabalho é aquela atividade que você faria até de graça. Mas não são conceitos excludentes. Há pessoas que encontram no emprego o trabalho que desejariam. Existem aquelas que não encontram e costumam se lamuriar por isso ou simplesmente cumprem a rotina em troca da remuneração no final do mês.

Essa identidade com o trabalho é o que constitui a tua obra, isto é, aquilo que coincide com o que você deseja na vida, que não é uma mera fonte de renda – não que a fonte de renda não seja válida –, mas que não se reclui a ser apenas uma questão financeira.

Muitas pessoas entendem que o caminho passa por abrir um negócio próprio, ser o patrão de si mesmo. Existe o empreendedor voluntário, que é aquele que deliberadamente quer iniciar um projeto, montar um negócio. E tem o empreendedor compulsório, aquele que, pressionado pelas circunstâncias – geralmente porque perdeu o posto de trabalho e encontra dificuldade em se recolocar no mercado –, busca uma fonte de renda porque precisa de sustento imediato.

Em qualquer um dos casos – aquele que tem um espírito empreendedor e busca se qualificar para isso ou aquele que o faz por ausência de alternativa – não se deve perder de vista que todo empreendimento requer planejamento.

O empreendedorismo sem base, sem uma formação, sem um plano de negócios estruturado, traz consigo um elevado risco. É do perfil empreendedor ser audacioso, jamais aventureiro. Audacioso é aquele que planeja, estrutura, organiza, estuda e vai. O aventureiro se lança na base do "vamo-que-vamo". É esse segundo grupo que com frequência engrossa as estatísticas de mortalidade de empresas nos primeiros anos de existência. Empreender pode ser um caminho, desde que com audácia, jamais com ímpeto.

Os jovens têm uma competência poderosa, que é trabalhar com as plataformas digitais, ambientes em que a instantaneidade, a velocidade, a simultaneidade e a mobilidade são decisivas. Os jovens profissionais ingressam no mundo das empresas com esses atributos, e isso muitas vezes se traduz em agilidade.

Claro que isso é um fator positivo, mas até uma certa medida. Por que essa ressalva? Porque as plataformas digitais também criam modelos mentais que orientam a percepção das pessoas para desejarem que tudo aconteça imediatamente.

Num mundo de velocidade, o imediato pode ter suas vantagens quando se trata de senso de urgência. Mas pode degenerar em imediatismo, produzindo pressão desnecessária, angústia, afobação. E precisamos ter consciência de que algumas circunstâncias pedem decisões mais maturadas, resultantes de reflexões mais aprofundadas. É necessário ter clareza que paciência não é sinônimo de lerdeza. Ser lerdo é sinal de incompetência. Ser paciente é ter capacidade de maturação.

Formar conhecimento, competência e valor são processos que acontecem gradualmente; portanto, demandam um tempo de maturação. O pensamento estratégico requer um tempo maior do que as decisões para questões pontuais que surgem no dia a dia.

A nossa construção, a nossa trajetória não é instantânea. Ela leva tempo. Precisa ser analisada, revista, melhorada, modificada em alguns pontos. É feita de processos, que, por sua vez, têm etapas. Assim como falei que paciência não é sinônimo de lerdeza, o inverso também é verdadeiro. Velocidade é diferente de pressa. Velocidade é uma qualidade quando resulta de agilidade e economia de tempo e de recursos.

A pressa ocorre geralmente por falha de planejamento, e a atitude filosófica não nos acalma, mas ensina o valor da reflexão prévia para diminuir ou evitar a ação desastrosa e apressada.

6 E ISSO COM LIDE- RANÇA?

Seja à frente de um negócio próprio, de um projeto, de uma atividade social ou em uma empresa, o atributo da liderança é dos mais valorizados atualmente. Muitas organizações investem tempo e recursos não só para recrutar profissionais com potencial de liderança, como montam estruturas destinadas à formação de futuros líderes.

Mas, afinal, o que é ser líder? No livro *Qual é a tua obra?* inseri recomendações de base filosófica que valem ser reavivadas. A meu ver, líder é aquele capaz de inspirar, de estimular, de animar as pessoas em torno de ideias e projetos.

Uma questão muito discutida no âmbito da gestão é se liderança é um dom ou uma habilidade a ser desenvolvida. Liderança não é um dom, aquilo que nasce com você e é exercido com relativa facilidade. Liderança é uma capacidade que se adquire; portanto, qualquer pessoa tem o potencial de desenvolvê-la.

É preciso lembrar que liderança é uma *virtude*. E o que é uma virtude? Do ponto de vista filosófico, virtude é uma *força intrínseca*. Por exemplo, a coragem é uma força intrínseca, o destemor é uma força intrínseca, a iniciativa é uma força intrínseca. Tudo o que é virtual é uma força intrínseca. Obviamente, o virtual não se opõe ao real. O virtual se opõe ao atual, no sentido de tempo presente. Essa é uma discussão antiga na Filosofia, trazida desde o século IV a.C., com Aristóteles. O exemplo dado por ele nos serve hoje. A árvore está virtualmente contida numa semente; portanto, a semente é virtualmente uma árvore. Quando ela passa a ser árvore, ela se atualiza. Não é casual que no idioma inglês se use a expressão *actually* no sentido de confirmação da verdade. Quando falamos *actually*, em inglês, não estamos nos referindo a "atualmente", como seria no português, apesar de os termos serem parecidos. Estamos querendo dizer que, realmente, concretamente, aquilo está existindo.

Isso não significa, entretanto, que qualquer pessoa possa ser líder em qualquer coisa, de todos os modos, o tempo todo. A liderança é circunstancial. Alguns de nós lideramos numa ocasião e não em outra, lideramos em um determinado contexto e não o fazemos em outro. Alguns são ótimos líderes de projetos, mas são inaptos no que se refere a ações no campo. Nenhuma pessoa preenche todos os requisitos para ser um líder. Num time de futebol, por exemplo, há a liderança técnica, o craque, que não necessariamente é o líder de grupo, aquele que agrega os demais jogadores em prol do objetivo comum.

Ninguém nasce líder, liderança se forma. No mundo das empresas, liderança é uma atitude e se distingue de chefia, que é uma posição na hierarquia. Por isso, empresas buscam líderes e se esforçam para formá-los.

Há lideranças (que podem estar em posição de chefia) que são inspiradoras e há chefias que são expiradoras. É fácil fazer a distinção, pois um chefe inspirador é aquele que você admira. Quando ele te chama para a sala dele, mesmo que seja para uma crítica, uma desaprovação, você sabe que sairá melhor de lá. Outros chefes já não, são aqueles "expiradores". Quando esse tipo de chefe te chama, você vai desanimado e, antes de chegar à sala dele, para e expira o ar. A diferença entre esses dois chefes é que aquele que inspira pode, com toda razão, ser chamado de líder, e aquele que não inspira é simplesmente o chefe. A chefia está sustentada na hierarquia, a liderança, não.

A liderança tampouco tem a ver com experiência de faixa etária. Experiência tem a ver com intensidade, não com extensidade. Você pode ser alguém com 24 anos que tenha uma intensa experiência numa situação e ser alguém de 50 anos com uma extensa experiência, mas sempre fazendo as mesmas coisas, do mesmo modo. E isso não contribui para a formação de um líder.

A capacidade de liderar, de facilitar que aquilo que o outro tem de melhor venha à tona e de conduzir uma equipe está na intensidade. É por isso que bons médicos jovens são formados no pronto-socorro, porque é o lugar onde se vivencia de forma intensa e veloz uma série de circunstâncias desafiadoras.

Se experiência não tem a ver com idade nem é inata, significa que cada um de nós pode desenvolvê-la.

Maquiavel (1469-1527), autor do clássico *O príncipe*, do século XVI, tem uma frase especial, em que diz que o príncipe é aquele que junta a virtude – em italiano ele dizia *virtù* – com a fortuna. Isso significa a junção da capacidade com a ocasião. Essa é uma grande dica de Maquiavel, pois nos ensina que é preciso estar preparado para aproveitar a oportunidade. E preparado tanto no sentido de estar de prontidão quanto no sentido de ter a aptidão, a competência para fazer aquilo que a ocasião exige.

A palavra "oportunidade" vem do nome que se dava a um vento da Antiguidade. Há mais de 2000 anos, os latinos chamavam o vento que levava o navio em direção ao porto de "oportuno". Em latim é *ob portus*.

O que é um porto ou uma porta? É uma área de contato, uma passagem de um lugar para o outro. É o que impede que fiquemos isolados, aprisionados em um determinado lugar, em um determinado tempo, num determinado cargo, numa determinada condição de trabalho. É preciso procurar a oportunidade. Um bom navegador sabe disso, não se espera um bom vento, se vai atrás dele. Por isso, se há uma atitude muito arriscada é ficar sentado, aguardando o que vai acontecer. E é claro que, se alguém fica esperando, não atua, não participa. E participar é estar junto. É preciso buscar, ir atrás, procurar o vento oportuno.

A sorte sorri para todos, o tempo todo. A questão é se você está com o rosto voltado para ela, quando ela estiver sorrindo. No entanto, a noção de sorte é aquela da ocasião aproveitável e quando você tem iniciativa. Se você for buscar no pântano, é no pântano que vai encontrá-la. Se você está em uma montanha, é na montanha que vai encontrá-la. A sorte sorri, mas há pessoas que, mesmo quando ela sorri, não têm essa coragem para ir buscá-la. Não é coragem que segue a sorte, é a sorte que segue a coragem.

O líder é aquele que mobiliza as pessoas, sinaliza caminhos, identifica oportunidades, para si e para outros. Qualquer um consegue fazer isso, desde que transforme a sua força intrínseca numa força atual.

O exercício da liderança requer algumas posturas e condutas favorecidas pelo estudo filosófico:

1) ***Manter a mente aberta*** em relação a outros modos possíveis de ser e de pensar. Se o segredo da vida é a biodiversidade, o segredo da vida humana é a antropodiversidade. É a diversidade de humanos que permite um aumento de repertório. Pessoas que trabalham numa exclusiva direção tendem a fazer sempre as mesmas perguntas, o que dificulta achar novas soluções.

2) Disposição sincera para ***trabalhar em modo colaborativo*** e com capacidade de perceber o quanto o trabalho em equipe é cada vez mais decisivo para se atingir resultados.

3) Percepção de que é preciso *inovar a obra*, pois, se ela não for renovada, fica redundante, o que atualmente é sinônimo de retrocesso e envelhecimento arriscado.

4) *Prezar pela alegria.* O líder precisa ter sempre a perspectiva de oferecer espaço para a alegria dentro do local de trabalho. Faço sempre questão de lembrar que seriedade não é sinônimo de tristeza, e que o contrário de seriedade é descompromisso. Aqueles que acham que fechar a cara vai gerar respeito, na verdade estão sendo apenas mal-humorados e rabugentos. Isso não é seriedade. A alegria precisa ter espaço, porque isso dá mais vitalidade às pessoas. O trabalho insano, esmagador, meramente voltado para a produtividade, tem êxito limitado no tempo.

5) *Pensar além do agora.* O líder precisa ter o pensamento estratégico. Existem várias maneiras de se cultivar isso: formações continuadas, algumas literaturas que propiciem reflexões, *coaching*, intercâmbio com outras lideranças. O fundamental é ter a noção de que a liderança deve estar direcionada à elevação coletiva e à construção do futuro.

Liderar tem como fundamento a preparação contínua, sem supor-se já pronto; afinal, você se torna fundamental quando é capaz de aprender de modo ininterrupto. Nesse aspecto, nós, seres humanos, temos uma estupenda vantagem em relação aos animais: nós não nascemos sabendo.

O sociólogo alemão Karl Marx (1818-1883) dizia algo com um sentido próximo: "A melhor das aranhas, aquela que faz teias estupendas, sempre será pior do que o pior dos tecelões". O que dá para depreender dessa reflexão? Que uma aranha aprendeu a fazer a teia pela sua natureza, pela sua constituição, mas ela fará a teia sempre igual, sempre do mesmo jeito. Se a natureza não mudar essa condição, a aranha não mudará por si mesma. Já um humano, não. Para eu ser capaz de criar, de inovar, de avançar, preciso me conhecer e conhecer o mundo. Conhecer os meus limites, as minhas possibilidades.

A grande escritora ucraniana, que viveu no nosso país e se naturalizou brasileira, Clarice Lispector (1920-1977), tem uma frase magnífica que, sintetizada, passava a seguinte ideia: "Aquilo que desconheço é minha melhor parte", ou seja, o melhor de mim é aquilo que eu ainda não sei!

Porque aquilo que eu já sei é mera repetição, mas aquilo que eu não sei é justamente o que me renova, o que me faz crescer. O conhecimento é algo que reinventa, que recria, que renasce.

Preciso tudo saber? Não; no livro *Crepúsculo dos ídolos*, o filósofo alemão Friedrich Nietzsche (1844-1900) escreveu: *"Há muitas coisas que quero, de uma vez por todas, não saber. A sensatez estabelece limites mesmo ao conhecimento"*.

Com esse pensamento, Nietzsche nos alerta que a sensatez precisa orientar aquilo que de fato terá relevância em nosso repertório de saberes. Há coisas que eu não quero saber. Não se trata de desejo da ignorância, mas de selecionar aquilo que realmente fará diferença no meu desenvolvimento, na minha capacidade de me renovar.

Francis Bacon (1561-1626), um grande filósofo e cientista britânico, é conhecido também pela famosa frase: "Saber é poder". Um axioma carregado de veracidade. Mas, a partir dele, podemos levantar uma questão intrigante: *O que nós fazemos com o poder do saber?*

Você tem uma maçã, e eu, uma faca. Sei usar a faca e posso usá-la para repartir a maçã e nós dois a aproveitarmos. Ou posso usar a faca e tomar a maçã de você. Nesse sentido, a questão não é faca, mas a intenção de quem usa, e essa intenção, benévola ou malévola, é uma questão ética.

7 E ISSO COM ÉTICA?

O que é filosofar? É ser capaz de também fazer perguntas, em vez de apenas viver; enquanto se vai vivendo, pergunta-se qual a intenção, qual a finalidade, qual o propósito.

Sem me comparar com outros animais, no sentido de me imaginar superior – isso seria arrogância –, posso dizer que um cão vive, mas não se pergunta por que vive. Nós, humanos, somos capazes de elaborar esse tipo de questionamento. Quando sinto dor, sou capaz de perguntar: Por que sou eu que estou sentindo? Qual a finalidade da vida? De onde nós viemos? Qual é o destino humano? Existe um destino? Bem e mal são escolhas ou acasos?

Na obra *A república*, ao tratar do Mito da Caverna, Platão (c. 427-347 a.C.) diz que nós, humanos, vivemos aprisionados no fundo de uma caverna, olhando para a parede e com a entrada às nossas costas. Tudo o que é verdadeiro passa lá, mas a luz do sol projeta a sombra. Como estamos amarrados de frente para a parede, achamos que a sombra é a coisa verdadeira.

No campo da ética, isso acontece também. As pessoas se deixam levar pelas aparências. A aparência da honestidade, a aparência da decência, a aparência da sinceridade. Os gregos chamavam de "hipócritas" aqueles que ficavam falando por trás no teatro sem aparecer em cena. É daí que vem a ideia de hipocrisia. Aquilo que não se mostra, que fica na sombra. A ideia de revelar, de tirar a sombra é absolutamente necessária no campo da ética.

Nós somos o único animal que, além de agir, é capaz de perguntar se o que faz é correto ou incorreto. E isso é ética, um conjunto de princípios e valores que usamos para decidir a nossa conduta social. Só se fala em ética porque a convivência humana se dá no plural, com homens e mulheres. Se eu vivesse sozinho, isolado, não existiria a questão da ética, porque ela rege a conduta da vida coletiva.

Se existisse um único ser humano no planeta, o tema da ética não faria sentido, pois essa pessoa seria soberana para fazer o que bem entendesse, sem se importar com nada. Entretanto, como vivemos juntos e juntas, precisamos ter princípios e valores de convivência, de maneira que tenhamos uma vida íntegra nos aspectos físico, material e espiritual.

Qual a diferença entre ética e moral? A ética é o conjunto de princípios de convivência. A moral é a prática. Não existe ética individual. Existe ética de um grupo, de uma sociedade, de uma nação. Já a moral é individual, porque se refere à prática.

Nós ainda não temos uma ética universal, que tenha validade para todos os seres humanos, em qualquer tempo, em qualquer lugar. A tentativa mais próxima desse consenso foi a Declaração Universal dos Direitos Humanos de 1948.

A ética é relativa ao seu tempo, mas o fato de ser relativa não significa que vale tudo. Significa que a questão ética só é compreendida quando se olha a sociedade em que ela está inserida, o tempo em que ela vem à tona e a cultura que a envolve.

As questões éticas podem mudar com o tempo. Exemplo: com as plataformas digitais, a ideia da privacidade passou a ser discutida sob outros pontos de vista, levantando novos questionamentos. Até 30 anos atrás, um pai que espancasse uma criança até poderia argumentar: "O filho é meu, eu faço o que eu quiser". Atualmente, existem meios de se impedir que pais submetam uma criança a situações de violência. Nas escolas, inclusive, houve um tempo que era considerado normal o professor ou a professora usar algum nível de violência como medida disciplinar. Quando criança, em Londrina, algumas vezes tomei reguadas na mão. Em algumas escolas havia a palmatória para punir condutas indesejadas. Hoje uma medida como essa seria reprovável.

O filósofo alemão Immanuel Kant (1724-1804), influente nas áreas da Filosofia e do Direito, tem toda uma concepção teórica sobre ética que pode ser resumida em uma frase que define o que é um comportamento transparente na vida em sociedade: ***"Tudo o que não puder contar como fez, não faça"***. Isto é, se há razões para não contar o que vai fazer, essas são as mesmas razões para não fazê-lo. Kant não fala contra o sigilo ou a privacidade, mas, isso sim, contra a vergonha. Significa que se você se envergonha de algo que pretende fazer, esse é o sinal de que não deve fazê-lo.

A grande questão ética universal é: O que é certo e o que é errado? O que é o bem e o que é o mal?

Eu tenho um princípio para julgar, para mim mesmo, o que é bom e o que é ruim. Tudo o que eu fizer para ajudar a mim e para que outro ser humano tenha mais vitalidade, tenha a dignidade preservada e as capacidades aumentadas é bom. Tudo o que eu fizer que leve outro ser humano a ter diminuídas a sua dignidade, a sua capacidade, a sua vitalidade é mal.

Existem três grandes questões éticas que orientam (mas também atormentam, instigam, provocam e desafiam) as nossas escolhas: Quero? Posso? Devo?

Tem coisa que eu devo, mas não quero. Tem coisa que eu quero, mas não posso. Tem coisa que eu posso, mas não devo. Nessas questões residem os dilemas éticos. Todos nós, sem exceção, temos dilemas éticos, sempre, o tempo todo. Quero, posso, devo?

Esses questionamentos se aplicam a diversas situações. Desde a fidelidade na relação afetiva ao comportamento no trânsito. Quando você avalia se atravessa um semáforo vermelho ou não, se entra numa vaga que alguém já havia sinalizado que a ocuparia; quando faz a declaração do Imposto de Renda; quando vai corrigir provas de um aluno ou de um orientando; quando vai cochilar depois do almoço, imaginando que outra pessoa possa dar conta da pia cheia de louça (e como você sabe que ela lava mesmo...), nesse momento você tem o grande trio de questionamento ético: Quero, posso, devo?

A manutenção da ética íntegra depende dos princípios que se tem. Antes de uma escolha equivocada houve um dilema ético. Na cola na escola em vez de ter estudado, na brincadeira com alguém que entrou no campo da humilhação. Quantas vezes, na convivência de casais, um ofende o outro, sabendo que vai machucar, e o faz assim mesmo?

Outro exemplo: a droga me coloca num determinado estado em que eu perco a minha capacidade de juízo, mas ela não retira a minha responsabilidade. Se eu cometer um deslize do ponto de vista jurídico, tendo consumido a droga legal ou ilegal, eu não posso alegar inocência. Eu posso argumentar que não tinha a intenção de fazer aquilo, o que não me isenta de culpa e responsabilidade.

Ética é escolha, ética é decisão. Por isso é inaceitável alguém dizer: "Olha, eu por mim não faria, mas, como sou professor, tenho de fazer"; "Eu por mim não faria, mas, como sou chefe, eu preciso fazer".

Ora, eu não sou eu e uma função. Se eu sou uma pessoa inteira, eu não posso dizer: "Eu, por mim, não te demitiria, mas, como sou seu chefe..."; "Eu, por mim, não te colocaria de castigo, mas, como sou seu pai..." Isso é equivocado. Eu não sou eu e um pai, não sou eu e um amigo, não sou eu e um chefe, não sou eu e um professor. Eu sou eu. Se "eu, por mim, não faria", então não faço. Ou eu tenho integridade (uma pessoa que não tem duas caras) ou eu não sou inteiro.

Eticamente, questões que envolvem liberdade, juízo, escolhas e consequências só são válidas para pessoas. Não dá para tratar o tema da ética em relação a outros animais. Um cão pitbull ou rotweiller não escolhe o que faz, ele obedece à natureza, uma força superior e anterior a ele, marcada por instintos e forças irresistíveis.

O grande pensador suíço Jean-Jacques Rousseau (1712-1778) sugere que um pássaro morre de fome ao lado de um quilo de carne; um cão morre de fome ao lado de um quilo de alpiste. Em outras palavras: ou está na natureza dele ou ele não faz. Mas nós, humanos, não. Somos diferentes, pois temos a capacidade de avaliar as nossas condutas.

A palavra ética vem do grego *ethos*. Até o século VI a.C. significava "morada do humano", no sentido de caráter ou modo de vida habitual, ou seja, o nosso lugar. *Ethos* é aquilo que nos abriga, aquilo que nos dá identidade, que nos torna o que somos. Porque a tua casa é o modo como você é, onde reside a tua marca, podendo ser até teu quarto.

Desse modo, a noção de *ethos*, de morada do humano, oferece um critério para responder ao "quero, devo e posso?", que é: Protejo a morada ou a desprotejo? Incluo ou excluo? Vitimo ou cuido?

Outro risco que envolve a ética é quando ela é pautada pela conveniência. Acontece em circunstâncias em que alguém faz algo porque é favorável apenas a si, em detrimento dos demais. Essa ética, marcada pela conveniência, entra num terreno extremamente perigoso, que é o do relativismo ético. É quando uma conduta passa a ser válida porque atende a um desejo ou algum interesse imediato.

Uma ética da conveniência é aquela do "eu faço porque este é o único meio de eu fazer". Muitas vezes vem acompanhada por um argumento de vitimização: "O que eu posso fazer? É desse jeito que as coisas funcionam".

A ética da conveniência aparece em circunstâncias variadas. Na escola, por exemplo, quando um de nós colava e dizia: "Se eu não colar, não consigo tirar uma boa nota"; isso é a conveniência. Ou daquele que diz: "Para fazer uma licitação, eu preciso colocar um preço mais alto para que depois se faça a redução"; isso é a conveniência. Dentro de uma empresa, "olha, eu não faria, mas preciso fazer porque, do contrário, fica inviável a minha permanência no cargo"; a mesma coisa.

Essa ética da conveniência nos induz a um pensamento extremamente negativo, que é a ausência de princípios éticos que sejam sólidos, que não sejam voláteis, que não desapareçam ao primeiro abalo. A ética da conveniência é utilitarista, por isso muito perigosa. É essa ética da conveniência que está no bojo do ditado popular "a ocasião faz o ladrão", em que a pessoa acredita que a ética deva ser orientada pela sua própria conveniência e não por aquilo que se entende como correto.

Eu, particularmente, não acredito que a ocasião faça o ladrão. Ela apenas o revela. A decisão de ser ladrão já foi tomada a partir de uma ética de conveniência. A ocasião foi a circunstância que apareceu e serviu de pretexto para que o malfeito fosse praticado.

Por isso, temos de persistir: *ética não é cosmética!* Ética não é de fachada, mera maquiagem que esconde imperfeições. Ética é, acima de tudo, a maneira na qual decidimos proteger ou desproteger a decência na vida coletiva; apodrecer ou não, nossa condição de futuro é escolha, sempre lembrando a advertência política do líder indiano Mahatma Gandhi (assassinado em 1948): *"Olho por olho, uma hora acabamos todos cegos"*.

E ISSO COM RELIGIÃO?

Durante o século XX, aconteceram alguns movimentos marcados por uma tentativa de situar a religião no território da tolice ou da alienação, quase sugerindo que essa forma de também entender o mundo seria indutora exclusiva de irracionalidades e ignorâncias. O filósofo e teólogo brasileiro Rubem Alves (1933-2014) chamou a esse movimento de tentativa de "exílio do sagrado"!

No século XXI, até por causa dessa sobrecarga provocada pelo mundo tecnológico – que nos proporciona velocidade, mas dificulta a nossa capacidade de reflexão – é possível notar uma inclinação maior para a expressão da espiritualidade.

Tenho observado essa inclinação cada vez mais forte por parte das pessoas a partir de uma percepção de que a vida não pode ser entendida como uma mera manifestação biológica. As pessoas, especialmente no mundo em que a tecnologia tem uma presença maciça, anseiam por uma vida que tenha propósito, que não seja mera existência robótica, automática.

Essa busca por um sentido de transcendentalidade vem fortemente acompanhada por um desejo de reverência à vida e, especialmente, de recusa ao "biocídio", isto é, de dizer não ao assassinato da vida em suas múltiplas manifestações. Para fortalecer as relações entre os seres é necessário haver uma firme rejeição ao biocídio e, sobretudo, uma prática de espiritualidade que não se esgote no indivíduo, mas que se espalhe coletivamente com fraternidade e solidariedade.

Não vejo esse movimento como passageiro. Ao contrário, considero que existe uma revolução espiritual muito forte em curso, cujo movimento mais robusto é a questão da ecologia. Sim, a ecologia é uma expressão de espiritualidade à medida que visa à proteção da vida no sentido mais amplo e, mais do que tudo, promove a percepção dos nossos direitos compartilháveis. Mas ela não fica circunscrita a esse aspecto, que embora fundamental, não é exclusivo. Abrange também uma ecologia interior, para equilibrar a relação com a família, com o mundo e com a religião. Portanto, um equilíbrio da nossa existência. Isso a espiritualidade nos proporciona com bastante vigor.

Cabe considerar que essa inclinação para cultivar a espiritualidade em nosso cotidiano advém, em grande medida, de um cansaço generalizado em relação a uma vida atribulada, marcada pela pressa e pela urgência. Como reação a esse cotidiano acelerado, nós sentimos necessidade de procurar repouso, condição oferecida pela espiritualidade.

Assim como a busca de um sentido, de reverenciar a vida, de conectar-se com a sacralidade presente no humano.

Todos esses anseios, muitas vezes, ficam sufocados por um cotidiano que nos distancia de nós mesmos e nos tira o tempo de pensar sobre essas coisas inerentes à nossa humanidade.

Afinal de contas, a espiritualidade é marcada pela capacidade de não desperdiçar a própria vida. Também pela capacidade de cuidar de si mesmo e das outras pessoas, isto é, quando alguém preza por tudo aquilo que eleva a vida, em vez de diminuí-la.

Isso se dá quando a pessoa enxerga as dimensões que dão propósito à sua própria existência, quando zela pela convivência saudável, pela amorosidade contínua, pela afetividade sincera. Acima de tudo, quando exerce a fraternidade, de fato, no seu dia a dia.

Para algumas pessoas, a espiritualidade deságua na religião; para outras, o percurso não é necessariamente esse. É possível ter uma dimensão espiritual sem uma prática religiosa exclusiva.

Há uma pergunta recorrente: Existe diferença entre religião e espiritualidade? De certo modo, sim. Religião é quando se agrega a religiosidade com outras pessoas, isto é, meu espírito de reverência à vida se transforma num culto com regras, com ritos, com uma estrutura característica. Quando essas práticas são estabelecidas faz-se a canalização, a formalização daquilo que é a religiosidade, que é uma forma de espiritualidade voltada para a religião. Por essa lógica, existe, sim, a possibilidade de alguém ter espiritualidade e religiosidade sem necessariamente praticar os preceitos de uma religião.

Há muitas pessoas que têm o sentido de religiosidade dentro de si, mesmo sem frequentarem qualquer tipo de culto ou de igreja. Mas essas pessoas espiritualizadas não deixam de reverenciar esse mistério que é a vida partilhada; elas carregam consigo o sentimento de que a vida ultrapassa a mera materialidade. Assim sendo, só é possível uma religião se houver antes uma religiosidade. Já o contrário, religiosidade sem religião, é algo possível.

Além da vida atribulada, existe outro fator que acaba por conectar as pessoas à religiosidade: a nossa sociedade exageradamente estruturada em torno do consumo. Há uma luta intensa dentro das pessoas em relação ao desejo material que carregam, com preocupação em demonstrar seu *status*, suas propriedades. Embora haja uma valorização excessiva dessa materialidade, há um movimento oposto a partir da percepção de o quanto isso pode ser superficial e insatisfatório.

Não é casual que haja um grande número de pessoas que ultrapassa essa questão e adere a um modo de vida mais simples, em que o simples aqui aparece como a suficiência com dignidade. Esses indivíduos levam uma vida sem ostentação, mas valorizando aquilo que possuem. Cultivam gratidão e investem mais em afetividade do que em acúmulo material.

Há outras pessoas que, de fato, não encontram esse caminho, e comumente experimentam um desespero de consumo que as colocam numa rota que não tem alternativa. Aquilo que têm nunca é suficiente, nunca é satisfatório. Ficam constantemente à mercê das novas demandas criadas pelos mecanismos estimuladores do consumo. Obviamente, essa roda girando continuamente gera perturbação. Em muitos casos, a falta de repouso da mente advém de uma falta de clareza quanto àquilo que de fato se quer.

Vale ressalvar que a espiritualidade não é uma receita única para serenar pessoas, mas é uma das rotas para fazê-lo, à medida que oferece uma possibilidade de sentido a uma vida que, como dito anteriormente, não deve ser banal.

Integra também a reflexão sobre essa procura por religiosidade o fato de que a ciência e a tecnologia não conseguiram nos oferecer respostas totalmente satisfatórias para algumas questões essenciais. Por exemplo, qual o sentido da vida, a origem do mal, a razão do sofrimento e a fonte da alegria? São inquietações para as quais ainda não surgiram explicações suficientes no mundo técnico-científico.

Por mais que surjam modernidades tecnológicas a todo momento, ainda restam grandes dúvidas. Dessa forma, a religião continua encontrando seu lugar e, claro, não é substituída pela ciência. Não considero também que seja o caso de contrapor uma à outra. Ambas são formas complementares de explicações da vida.

Atualmente, a ciência e a religião estão lado a lado em vários momentos, mas nenhuma delas, sozinha, se mostra suficiente para aplacar os nossos questionamentos existenciais.

A ciência no Ocidente, especialmente a partir da Modernidade, quase sempre carregou em sua história um certo discurso ateísta; porque, em grande medida, ela serve para algumas explicações de um mundo que procura ser laico também em suas dimensões. Por outro lado, aqueles homens e mulheres que adotam uma fé específica também precisam ter clareza de que a ciência e a religião não são adversárias, sendo formas complementares de interpretar e trabalhar a vida.

O ateísmo é um direito humano de alguém ter como convicção a não existência de algo maior, transcendental. É conveniente lembrar – e eu repito isso sempre – que religião não é coisa de gente tola. Religião é coisa de gente. E tem gente que é tola em religião e tem gente que não é. Assim como a ciência é coisa de gente, e tem gente que é tola em ciência e tem gente que não o é...

Particularmente, não considero que cientistas ateus sejam tolos. O fato de o mundo apresentar a possibilidade de se pensar no ateísmo me soa algo positivo, pois é uma condição que incentiva o debate, o refinamento das ideias, a revisão de pontos de vista.

E quem tem uma fé religiosa que defenda, explicite suas convicções, seus argumentos. Caso sejam convincentes, que sirvam para esclarecer o posicionamento adotado. O fundamental em toda contraposição no campo das ideias é que a convivência seja acolhedora e respeitosa.

Até as próprias práticas religiosas vêm passando por transformações. É perceptível, por exemplo, que religiões tradicionais esgotaram um pouco seu modo de atendimento em relação às angústias pessoais. Isso porque muitas delas ficaram ultrapassadas em relação aos assuntos do dia a dia. Algumas dessas religiões ficaram marcadas por certo arcaísmo e envelhecimento de práticas, e, para o consolo dessas aflições diárias, muitas pessoas passaram a buscar práticas religiosas alternativas. Evidentemente isso tem a ver também com uma maior liberdade religiosa. Felizmente, hoje as pessoas não são mais constrangidas a permanecer em uma única linha de crença religiosa.

Basta observar o que ocorre nas cidades pequenas. Há aproximadamente 40 anos, os habitantes desses municípios menos populosos tinham de praticar a religião da maioria, senão poderiam ser discriminados por isso. Hoje o aumento da liberdade e o desenvolvimento urbano fizeram que haja um maior anonimato, que favorece quem escolhe seguir outra religião, não apenas aquela que tem maior número de praticantes.

Esse fenômeno tem muito a ver também com um movimento realizado por uma parcela da juventude. Atualmente o jovem coloca-se como alguém apto a praticar uma determinada religião com muito mais liberdade de consciência. Há um número maior de jovens que aderem a religiões diferentes às professadas pelos pais, por exemplo. Existem várias igrejas dentro do cristianismo, seja o católico romano, sejam as igrejas reformadas, sejam as neopentecostais, que atraem as novas gerações para essa prática. Portanto, a juventude atual não se pauta sempre por uma religião envelhecida, enquanto que outra parcela dessa mesma juventude não se obriga a ter uma religião e decide mais livremente seu caminho.

Filosofia, Ciência, Arte e Religião são formas complementares de explicações da vida. Costumamos dizer: Religião é crer para ver; Ciência, e muitas vezes a Filosofia, é ver para crer...

9 E ISSO COM ECO- LOGIA?

Ética e meio ambiente! Pareceria algo estranho estabelecer uma relação entre esses dois temas. Às vezes, tem-se a impressão de que ética lida apenas com sociedade, com pessoas, com nossas relações de seres humanos. Por isso, quando se fala em ética e meio ambiente, há uma certa estranheza, na suposição de que as nossas relações com o mundo, com a natureza, com os outros seres vivos deveriam ficar voltadas apenas para o campo da Biologia. Existe, entretanto, uma ligação direta entre ética e meio ambiente.

O grande historiador britânico Arnold J. Toynbee (1889-1975) escreveu uma obra intitulada *A humanidade e a mãe terra*. Logo no prefácio, ele traz a ideia de biosfera, de que o nosso planeta é uma esfera de vida, portanto, a própria Terra seria um ser vivo. Tal como nós, homens e mulheres, temos outros seres que em nós vivem, nós seríamos alguns dos habitantes deste grande ser vivo, que é o Planeta Terra.

Essa teoria por vezes é contestada, mas, de todo modo, nos sinaliza uma referência, ao menos. Afinal, no nosso planeta é um lugar onde a vida pulula, a vida vibra, a vida existe há aproximadamente 5 bilhões de anos.

Nós, homens e mulheres, não somos a única forma de vida. Nada nos dá legitimidade para supor que sejamos os proprietários da vida presente neste planeta.

Não somos proprietários, nós somos apenas *usuários compartilhantes*!

Isto é, o planeta é por nós usável como o nosso lugar de vida, como a nossa casa, mas nós o compartilhamos com outras formas de vida. Este planeta é o lugar onde nós nos abrigamos, nos protegemos, assim como as demais bilhões de formas de vida também o fazem.

Aliás, a ciência calcula que, além da espécie humana, haja mais de 35 milhões de espécies diferentes com bilhões de seres vivos. Basta lembrar que em cada ser humano existem mais seres vivos do que o número de seres humanos que há no planeta. Exatamente isso! Neste momento, estão vivendo em você, vivendo em mim, bilhões de formas de vida. Vivemos em simbiose, esta capacidade de viver sem anular a outra forma de vida, ou seja, de convivência biológica. A expressão "sim", em grego, significa "junto" e "bio" é "vida". Portanto, a nossa relação no planeta é uma relação simbiótica. Nós vivemos juntos e juntas com todas as outras formas de vida.

E a vida é um estupendo mistério. Nenhum e nenhuma de nós tem clareza sobre as origens. A Ciência busca essa resposta, tal como lembramos sempre, assim como a Religião, a Filosofia e a Arte. Esse mistério, no entanto, nos aponta uma direção, que é o cuidado para não cairmos na armadilha da arrogância.

Nós, humanos, somos muito arrogantes em relação ao planeta. Como costumo mencionar, para cada pessoa no planeta existem 7 bilhões de insetos. Imagine se hoje à noite só os teus vêm te visitar. Batem na porta do teu quarto e falam: "Qual é? O que vocês acham que estão fazendo com o nosso planeta? Vocês acham que são proprietários dele?"

Nenhum e nenhuma de nós pode ser arrogante a ponto de supor que o planeta é propriedade nossa para fazermos o que bem entendermos. Cada vez que nós afetamos qualquer elo de equilíbrio ecológico do nosso planeta, nós somos afetados. Cada vez que contaminamos a água, que desperdiçamos recursos, que destruímos uma floresta sem reposição, que dizimamos outra forma de vida de forma maléfica, encaminhamos o efeito desse desequilíbrio, que em algum momento irá se manifestar de forma mais contundente.

A interdependência entre os seres é um princípio básico da existência! Algumas pessoas podem até argumentar: "Mas nós somos livres, podemos agir do modo que quisermos em prol da nossa conveniência". Definitivamente, não. Esse é um pensamento arrogante. O fato de sermos livres não nos exime da responsabilidade pelo cuidado com a natureza. Não podemos pensar somente na nossa demanda imediata, escavar a terra, queimar a floresta, agredir outros animais, deixar o ar irrespirável.

Por exemplo: As florestas nos pertencem ou pertencem ao planeta? Se destruídas, qual o resultado sobre nós? Será que o poder econômico, em nome da lucratividade, pode se utilizar de madeiras que estão há centenas de anos entre nós para fazer móveis ou para exportação de matéria-prima? Isso se justifica porque nós somos livres?

Precisamos ter clareza de que somos um ser entre outros. Um ser importante, mas não único. Exatamente por isso, precisamos ter consciência do que fazemos para proteger a vida. É nessa hora que entra o tema da ética. Afinal, quando se fala em consciência, se está falando em ética. E, como já mencionado, ética é aquilo que orienta a nossa capacidade de responder a três grandes questões na vida:

- Quero?
- Posso?
- Devo?

Retomo essas três perguntas, pois elas são determinantes para a nossa conduta. Para eu responder e agir a partir dessas indagações: querer, poder e dever, preciso me pautar por princípios e valores. No caso da relação entre ética e meio ambiente, esta condução da vida se dá especialmente na proteção da nossa coletividade vital dentro do planeta.

Posso eu atirar uma embalagem, uma garrafa ou uma lata no rio? Poder, até posso. Devo? Não! Não devo. Quero? Não posso querer.

Não posso querer destruir algo que trará uma consequência maléfica para a nossa capacidade de existência. "Ah, mas eu sou só um. O que custa? Se eu fizer não vai ter impacto algum." Imagine, por exemplo, se todo habitante de uma cidade como São Paulo, a maior do nosso país, pensar assim. Recupero e reafirmo aqui o alerta do Corpo de Bombeiros: nenhum incêndio começa grande. Todo incêndio começa com uma fagulha, uma faísca. O desequilíbrio ambiental começa com pequenos atos. Claro que a grande fábrica que solta fumaça, que a frota imensa de carros contribuem para essa degradação. Mas, em considerável medida, a ação individual também impacta a nossa qualidade de vida coletiva.

Já imaginou se cada um dos mais de 12 milhões de habitantes da cidade de São Paulo jogar um papelzinho de bala ou um chiclete no chão todos os dias? Já imaginou se cada um e cada uma de nós achar que, quando estou passando na estrada, posso atirar uma lata de refrigerante, em vez de reaproveitá-la? Já imaginou se eu suponho que basta eu fazer, "eu sou só um"?

Eu sou só um. Mas o que faz o copo transbordar? A primeira gota ou a última? Claro que são todas as gotas. Se qualquer gota for retirada do copo, ele não transbordará. Não é a última gota que faz o copo transbordar. Por isso, a relação entre ética e meio ambiente é um tema de cada indivíduo.

Como dito anteriormente, a palavra *ethos* até o século VI a.C. significava "morada do humano". Mais tarde, os gregos substituem a palavra *ethos* por *óikos*, de onde se origina a palavra "ecologia". A ideia de ecologia vem, portanto, da noção de casa. Uma casa na qual ninguém pode padecer da falta de comida, da ausência de trabalho, da carência de lazer sadio. Uma casa que não fustigue ninguém pela carência de uma sexualidade livre, de uma religiosidade responsável; a casa onde nós vivemos, a nossa casa.

A nossa casa é o planeta e não moramos nele sozinhos. Vale insistir nesse aspecto, pois não é possível olhar essa questão por uma perspectiva egoísta.

Egoísmo não é a mesma coisa que individualidade! A individualidade resulta de protegermos a nossa identidade e buscarmos respeitar a nossa própria autonomia. O egoísmo decorre da suposição de que as coisas estão a nosso serviço, ao nosso dispor. É a partir dessa premissa que muitos desenvolvem uma atitude predatória. Não somente em relação ao meio ambiente, mas também em relação à própria consciência.

De fato, o campo da proteção ambiental é permeado por muitos dilemas. Será que nós colocamos o planeta só a nosso serviço? E se eu precisar desmatar um pedaço de floresta para poder plantar? Se eu não plantar, não como. Então não comemos? Claro que não. Nós temos de usar a nossa inteligência de maneira a fazer uma economia, uma capacidade de vida que seja sustentável.

Sustentar significa dar condição de existência para o conjunto das coisas e das pessoas. Às vezes, essa relação não fica tão clara. Gente pobre, gente sem comida, gente sem trabalho é um problema de equilíbrio ambiental. Afinal de contas, homens e mulheres, crianças e adultos, somos parte da vida também. E quando um de nós fica sem condição de vida, nossa casa está equivocada, nosso *ethos* está com problema.

A consciência ecológica não é simplesmente proteger o pássaro, a árvore, o rio. Tem a ver com isso também. Mas a consciência ecológica é uma consciência ética, na qual eu tenho atitudes de não destruir, de não degradar, de zelar pelas outras formas de vida. Como vivemos em simbiose, se alguma forma de vida não for protegida no nosso planeta, ninguém estará protegido. A ideia de simbiose é de vida junto. A tarefa da ética é proteger a simbiose.

Se alguma criança não for livre do preconceito, livre da fome, livre da falta de lazer, ninguém será livre dessas mazelas. Ser humano é ser junto. E ser vivo é ser junto. É por isso que nós falamos em convivência.

A tarefa da ética é a nossa capacidade de recusar a destruição daquilo que parece não ter alternativa. "Olha, a vida importa demais e não podemos ameaçá-la." A vida que importa é toda e qualquer vida, a tua, a minha, a de todos os seres. Nesse sentido, os pequenos atos, as pequenas delinquências do dia a dia são muito negativas. É a sujeira que se produz desnecessariamente, é a destruição de um pedaço da mata, é a planta arrancada inutilmente, é a ofensa à capacidade de o outro existir, é o maltrato aos outros seres, tudo isso são pequenos atos.

Mas, como disse, se um fizer, outro fizer, somado aos milhões e milhões e milhões que somos, isso ganha significativa proporção e conduz a um efeito altamente destrutivo.

Tudo o que for feito à Terra será feito a nós, tudo o que acontecer com o nosso planeta nos atingirá.

Não é impossível que, na relação hóspede-hospedeiro, o que acontece ao hospedeiro não atinja o hóspede. Nesse sentido, nós somos, no nosso planeta, hóspedes e hospedeiros ao mesmo tempo.

A Vida não nos pertence, somos parte dessa vida.

Uma das frases mais alertadoras que conheço, a ponto de tê-la usado para concluir meu livro *Qual é a tua obra?*, tem como autor o pensador francês do século XVI François Rabelais (1494-1553); pode parecer meio apavorante, porque é muito forte para nós, mas deixa muito claro o que precisamos pensar quando se relaciona ética e meio ambiente. Rabelais disse: "*Conheço muitos que não puderam, quando deviam, porque não quiseram, quando podiam*".

Nós podemos, queremos e devemos. É nosso dever ético que façamos!

10 E ISSO COM POLÍTICA?

Há uma frase antiga que diz que *"os ausentes nunca têm razão"*.

Ora, há muitas pessoas que se ausentam da tarefa de se relacionar com o mundo da política e, por princípio, numa democracia, o poder vem de nós – de cada homem e de cada mulher – que ofertamos, delegamos, entregamos o poder que temos como pessoas, como cidadãos, como contribuintes, para que o poder público dirija as ações em nosso nome.

Público não é o que não é de ninguém, mas, sim, o que é de todos! Há uma questão básica, que, de tão elementar, às vezes fica esquecida: o governo nos representa. Nós precisamos fazer com que o poder público atue na direção das nossas necessidades e, de outro lado, precisamos ter informação, conhecimento, lembrando que a cidadania não se esgota na eleição, não termina no voto. Ela se dá no dia a dia, quando eu participo, quando eu debato, quando me envolvo nas questões da comunidade.

Por isso, o poder público é o meu poder. Cada vez que eu deixo de lado a minha participação, estou me omitindo.

Quando se vai falar de política, vez ou outra se encontra alguém que diz: "Ah, isso não é da minha conta". Cuidado. A política é da sua conta e é da minha. Partido político é uma coisa que a pessoa decide se tem ou não. Política é da nossa conta o tempo todo.

Dizer-se neutro é um ato político. Porque, como a política é a tentativa de organização de interesses que nem sempre coincidem, colocar-se neutro é ficar sempre do lado do mais poderoso.

Se alguém presencia um menino de 15 anos disputando um doce com um menino de 5 anos e diz: "Não vou me meter", bem, já se meteu. Porque ficar omisso é ficar do lado de quem vai ganhar. É claro que o menino de 15 anos tem mais força do que o menino menor. Por isso, o papel do cidadão não é dizer: "Isso não é da minha conta". Ao contrário, é da tua conta, sim. E conta tanto no sentido do tributo, do imposto que você paga quanto no sentido de exercício de uma vida consciente.

Cada vez que eu me omito, cada vez que eu silencio, cada vez que eu suponho que problemas de governo são apenas do governo, eu não estou transferindo poder, eu estou abrindo mão dele. E isso não é algo que deva acontecer numa democracia.

É preciso que tenhamos cada vez mais clareza de que, nessa relação Estado-sociedade, ambos tenham obrigações e direitos. Não é casual que um lema antigo expressasse: "Educação, saúde, transporte, habitação: direito do cidadão, dever do Estado". Mas cuidar para que o Estado cuide é um dever nosso. A tarefa do Estado é cuidar. A nossa tarefa é cuidar para que o Estado cuide.

O poder público não é só um território para as nossas reclamações e demandas. O poder público é onde nós exercemos a nossa ação cidadã.

Eu não devo ficar numa postura de acomodação, de entorpecimento, achando e dizendo o tempo todo: "Alguém tem de fazer alguma coisa!" Esta frase tem uma resposta direta: sou eu, como cidadão e cidadã, que tenho de fazer.

Uma das ações que eu devo fazer é cobrar do poder público o cumprimento de suas atribuições. Entender por que faz, por que não faz, o que ele deve fazer. A relação entre Estado e sociedade é pedagógica. O educador pernambucano Paulo Freire (1921-1997) dizia: "Ninguém educa ninguém, ninguém se educa sozinho. As pessoas se educam numa relação". Por isso, o Estado e a sociedade se educam reciprocamente.

A relação com o Estado é educativa, em que se aprende e se ensina para servir. Servir à vida, servir à capacidade de existir coletivamente, servir à nossa condição de humanidade.

A finalidade do poder é servir! Servir à comunidade, servir à coletividade. Se um poder que, em vez de servir, for um poder que serve a si mesmo, esse é um poder que não serve. A primeira obrigação do poder é servir, isto é, colocar-se a serviço de uma comunidade.

A questão é que isso não é uma obrigação apenas de governo – também é de governo –, mas também o cidadão tem de servir. O serviço do cidadão para o governo chamamos de obrigação. Um dos nossos direitos é exigir que o poder público cumpra aquilo que é a sua área de competência. E um dos nossos deveres é não admitir que o poder público deixe de fazer o que precisa ser feito.

A ação do poder público precisa estar em sintonia com a sociedade. De nada adianta, por exemplo, políticas de educação pública que provenham as escolas com condições adequadas, que propiciem a remuneração e a formação decentes ao corpo docente, se o cidadão no dia a dia não se encarrega de executar um pedaço da atividade dele, que é cuidar também do patrimônio da comunidade escolar. Fazer com que o seu filho ou filha ou o seu responsabilizado seja alguém que cuide daquela estrutura.

Quando se tem um cidadão descuidado é preciso também que o Estado, o poder público, cuide para que não haja descuido. Uma das maneiras de fazê-lo é informar, debater, promover o diálogo. Não é um vigiar o outro, mas é ser capaz de supervisionar o trabalho que é feito, numa relação colaborativa. Isso vale para o hospital, para o transporte, para as áreas de lazer. Tudo é uma inter-relação e, quando deixamos isso de lado, estamos abrindo mão da nossa cidadania.

Muita gente, por não cumprir as suas tarefas, acaba se restringindo a reclamar do governo. Muitas vezes esse é um hábito que se esgota em si mesmo.

Não que governos sejam imunes à reclamação e à crítica. Ao contrário, eu tenho o direito de fazê-lo. Mas eu, como cidadão, não posso deixar de fazer o que tenho de fazer e me contentar apenas em reclamar. Se eu participo, se eu tenho atividade, eu cumpro a antiga máxima "*é melhor acender uma vela do que amaldiçoar a escuridão*".

Há pessoas que olham a democracia como encargo, algo penoso, porque é necessário um nível de participação. Alguns até ficam chateados no dia das eleições, na suposição de que "puxa, tenho uma obrigação". Sim, votar pode ser obrigatório, mas ultrapassa a obrigação à medida que nos permite valorizar a nossa vida em meio a um conjunto de sociedade. E essa atuação independe de engajamento em algum partido. A militância em um partido é uma forma de se fazer política, não a única.

A participação do cidadão pode se dar de diversas maneiras, nos conselhos de saúde, de educação, na fiscalização do gasto do poder público no dia a dia, nas atividades de voluntariado, na presença em sessões do Legislativo, na aferição do que o Executivo faz, isto é, não ficar omisso, não ser conivente com aquilo que quebra a nossa condição de uma existência mais plena.

Eu sempre lembro que tudo o que o governo faz com o dinheiro público não é doação, é devolução. Se é devolução, é meu, logo, eu quero. De que jeito? Participando, tendo atividade, não ficando como um simples espectador dos rumos da cidade, do Estado, do país. Para isso, todos precisamos participar – uma palavra muito falada e nem sempre praticada. Ter disposição para praticar é, antes de mais nada, um ato de inteligência. Eu preciso ir em busca daquilo que favorece a mim e a minha comunidade. Do contrário, é omissão.

Do outro lado, todas as vezes em que o governo presta contas, ele está dando retorno às minhas contas. Prestar contas não significa apenas me dar números, significa fazer com que eu entenda o que está sendo feito para a minha condição de cidadania e o que não está. E por que está e por que não está.

Por exemplo: eu quero saber como participar dos conselhos de segurança. Como é que a gente faz para aumentar a proteção nas ruas do nosso bairro? Como funcionam os conselhos de educação? Qual é o meu papel? E se eu encontro uma criança que não está na escola, a quem eu recorro? Aciono a promotoria da infância? Qual o destino que dou ao lixo doméstico? E o óleo de cozinha, após usado, o que faço com ele? Pode parecer estranho, mas o que fazer com a sobra de óleo é uma decisão política. Claro! Afinal de contas, afeta a vida da comunidade!

O que fazemos? Nem sempre sabemos, embora sejamos nós a remunerar o serviço. O Estado precisa nos auxiliar nisso, e devemos nos ajudar também e solicitarmos suporte por parte do poder público. Esse diálogo aumenta a minha competência e aumenta a competência do governo.

O que nós temos numa casa para existir também está presente na vida coletiva de um Estado. O que interessa na minha casa em especial é aquilo que interessa na grande casa que é o nosso território. Tudo aquilo que deixa a nossa casa em ordem.

As experiências, no fundo, são similares. Se você olhar a tua casa, a minha casa, as questões dizem respeito à educação, à saúde, à segurança, ao lazer, ao trabalho, portanto, requerem administração. "O que está acontecendo na nossa casa? Está todo mundo estudando? Nesta casa está todo mundo trabalhando? Quem está, onde está, quem não está, por que não?" Se os responsáveis pela família, isto é, os gestores têm a tarefa de coordenar a vida na casa, cabe ao governo, por seu turno, cuidar da casa de uma coletividade maior.

Assim, a solidariedade precisa ser olhada com a grande capacidade humana de convivência. O homem primitivo só sobreviveu às dificuldades porque implantou a ideia da cooperação. Se o homem do nosso passado mais primitivo fosse alguém marcado pela lógica, que alguns hoje carregam, de que é cada um por si e Deus por todos, nossa espécie teria desaparecido.

A ciência calcula que, se fôssemos seres que vivessem isolados, sem cooperação ou solidariedade, como outros animais, seríamos 10 milhões de indivíduos, no máximo, no planeta todo. Hoje somos mais de 7 bilhões, e isso é possível porque juntamos forças. A regra está dita, tem de ser: "um por todos e todos por um".

Afinal de contas, vivemos em condomínio. Eu não vivo em um domínio, eu vivo em um "condomínio". O domínio, meu lugar, aquilo de que eu sou proprietário, é só um pedaço conectado em outro. A solidariedade é decisiva para que nós não degrademos a nossa condição de vida coletiva. Ao contrário do que muita gente imagina, a palavra "solidariedade" vem de "sólido", e não de "solidão". Enquanto solidão significa isolamento, solidariedade dá solidez à vida da comunidade.

Nós, como espécie, temos de viver de maneira integrada; portanto, a solidariedade é mais do que uma virtude, é um princípio de inteligência e sobrevivência. Uma pessoa afastada dessa perspectiva perecerá no isolamento.

Na hora em que estabelecermos de fato essa relação, nós avançaremos, de fato, em direção à consolidação da democracia.

E uma democracia vigorosa é garantia para nós da correta esperança de uma existência melhor!

11 E ISSO COM MUNDO DIGITAL?

Nossa vida hoje está muito mais apressada e repleta de conexões, o que nos deixa menos tempo para refletir e inclinados a, como antes disse, uma existência robótica e automatizada. Há um certo fastio pelo uso excessivo de tecnologia, marcado também pelo desespero da dependência em relação a ela, o que favorece queixas e angústias que só poderão ser restringidas se formos capazes de, metodicamente, fazer um "Pare, olhe, escute!"

Nossa concentração em grandes aglomerados humanos fez com que despontasse o anonimato e a desimportância do indivíduo no cotidiano. Para poder se destacar e deixar de ser "apenas mais um", muita gente escolheu o caminho da exibição de si mesma e das suas ações comezinhas (o que está comendo, assistindo, ouvindo, visitando), sempre com a intenção de tentar esvaziar a futilidade daquilo que, realmente, é fútil por ser corriqueiro.

Daí, inclusive, utilizar o próprio corpo como *outdoor* de imagens que chamem a atenção e possam parecer exclusivas. A busca maior é por ofertar o banal como extraordinário, em vez de fazer o contrário, para, de fato, tornar-se verdadeiramente contemporâneo!

Ora, não é a tecnologia que torna uma mente moderna; é que uma mente moderna não recusa tecnologia quando ela é necessária. Reafirmando: não é a tecnologia que moderniza a mente, mas a mente modernizada é aquela que acolhe a tecnologia quando tem cabimento.

Por isso, antes de mais nada, é saudável se distanciar de qualquer forma de *informatolatria* (a adoração tecnológica) e de *informatofobia* (a rejeição tecnológica).

Encrenca maior? A profanação do nosso escasso tempo livre com uma conectividade que, em nome do prático, adentra o território da servidão voluntária.

O uso obsessivo de certas plataformas digitais invade a totalidade de muitos corpos e espíritos, procurando deixar sem lugar os espaços liberados do indivíduo, transformando qualquer átomo em bit e, desse modo, ocupando-o de forma *cronocida* e *topocida* (que mata o tempo e o lugar!), ou seja, tempos e espaços são anulados.

Saída? Aplicar o ensinamento de Millôr Fernandes: "*O importante é ter sem que o ter te tenha*"...

Tecnologia, mundo digital e redes sociais precisam ser usados prioritariamente para nos afastarem da escravização mental e para podermos pensar melhor! O "pensar melhor" é aquele gesto que requer foco e persistência, para não deixar escapar os vários lados de um tema, procurando retirar do que se está pensando tudo que possa ir além do óbvio, em vez de se deixar conduzir como "manada" ou "rebanho".

Afinal, os pensamentos influenciam diretamente nossa realidade, mas não determinam a realidade, pois esta tem uma concretude que pode alterar a rota daquilo que é apenas pensado. Os pensamentos, no entanto, ajudam a projetar o que desejamos nessa realidade e a procurar os meios para conseguirmos isso.

Daí a urgência de sermos cada vez mais criadores e usuários de uma tecnologia que, de fato, nos coloque em rede, formando uma grande comunidade aprendente e reflexiva. Uma estrutura que nos auxilie a pensar bem, isto é, pensar com humildade (para saber que não se sabe tudo), com paciência (pois o imediatismo leva a conclusões abreviadas) e com coragem (de modo a poder, até mesmo, voltar atrás).

É exatamente esse "pensar bem" que nos conduz, em qualquer idade, para maior maturidade, e esta se constrói a partir do ambiente social e dos estímulos que acatamos. Insisto e reinsisto: é a reflexão (e não a ignorância!) que impede que tenhamos uma vida robótica, automática, distraída.

A ignorância, por ser sinônimo de desconhecimento, pode aliviar o contato com as turbulências da vida, mas só se não nos defrontarmos com elas. Pois, do contrário, estaremos despreparados para enfrentá-las. O passo mais próximo da ignorância é a alienação e, portanto, um caminho para uma vida servil.

A Filosofia no mundo ocidental, ao seu modo e desde a origem na Grécia clássica, se fez a partir das praças, dos encontros, das conversas, criando o que, agora, chamaríamos de "redes sociais".

Redes sociais são magníficas para situações de conectividade, simultaneidade, instantaneidade e mobilidade. Elas podem, entretanto, agregar também um nível de superficialidade e imediatismo nas relações, fazendo com que haja mais contentamento com o mundo virtual, do qual basta desligar a conexão quando não se gosta do que se vive. Mas o mundo concreto exige lidar com as agonias e alegrias consigo e com os outros.

Minha objeção não é ao uso de tecnologias, mas ao comportamento obsessivo em relação a elas, a dependência exagerada e a alienação eventual que podem acarretar. Afinal, como dizemos nós, os caipiras, "mundo de poeta não tem pernilongo".

Claro que essa disponibilização de tecnologias e redes sociais que, além de território para a comunicação e autenticidade, também propiciam algum tipo de sigilo, escondimento e fingimento, deu chance para que as covardias e preconceitos que já existiam em muitas pessoas pudessem mostrar sua cara.

As condições atuais facilitam que a intolerância – que, relembro, já tinha seu lugar – possa vir à tona de maneira ampliada.

Evidentemente, nós contamos com uma tecnologia que tem inúmeros elementos benéficos, mas que também carrega essa possibilidade de fazer com que as pessoas tenham a capacidade de reação de modo intempestivo, sem reflexão, sem raciocínio, dada a velocidade da comunicação. Hoje essa intempestividade muitas vezes compromete até o bom-senso.

Tecnologias são magníficas em relação a modos de comunicação, capacidade de agregar forças, de estruturar organização de pessoas em torno de ideias e projetos, além de serem uma grande fonte de entretenimento. Mas, de modo algum, podem ser olhadas como isentas de alguns malefícios. Dentre eles, permitir que a pessoa, que não necessariamente é marcada por uma capacidade intelectual de ser tolerante, tenha um palanque para se manifestar.

Hoje não só há possibilidade de aquilo que é benéfico e bonito vir à tona, mas também da idiotice se manifestar. Obviamente, a questão não é da tecnologia em si, mas ela traz consigo a possibilidade desse tipo de efeito colateral. Que também terá de ser testado, ele é muito novo entre nós, é uma coisa que ainda não pegou nenhuma geração por inteiro na nossa sociedade.

A possibilidade de contraposição vem todas as vezes em que nossas posturas são postas à prova. Isso vale em várias situações. Por exemplo: você só tem uma briga mais intensa no seu prédio quando acontecem as reuniões de condomínio. Você só tem situação em que há possibilidades de rusgas, de quebra da convivência, quando alguma coisa terá de ser decidida coletivamente.

Quando grandes decisões precisam ser tomadas (como em eleições gerais, por exemplo), forma-se um ambiente mais propício a essa possibilidade, porque temos de tomar posição. E quando você é instado a tomar posição relacionada à política, à religião, ao esporte, isso eleva a temperatura no nosso cotidiano. Não é algo tão fácil.

Pode acabar em conflito, mas que não é necessariamente negativo. O problema é se acabar em confronto. Porque o conflito é importante. Uma democracia, uma família, uma relação amorosa, têm conflitos. Conflito é divergência de postura de ideias, e a intenção do conflito é geração do consenso. Já o confronto é a degeneração do conflito, numa busca de anular a outra pessoa, de excluí-la. Por isso o conflito é sempre bem-vindo, o confronto não.

É um sinal de inteligência impedir na política, na escola, na igreja, na família, que o conflito se degrade e vire confronto.

Há passos práticos para isso! Antes de atravessar qualquer linha, a do pensamento, da discussão, do debate, vale prestar atenção, tentar capturar o que o outro quer dizer, analisar o quanto aquela pessoa só pensa diferente, e não é tua inimiga. Nesse sentido, é preciso que cultivemos a capacidade de humildade para entender que há muitos modos de ser humano. E nós somos um deles. Cada um de nós precisa ter uma compreensão sobre o lugar das diferenças.

A capacidade de tolerância se dá quando entendemos que a diferença é um valor da nossa existência à medida que aumenta nosso repertório de soluções. Portanto, ser diferente não é ser desigual, é apenas ser diferente.

Alguns diriam que não precisamos nos preocupar porque estamos "evoluindo" e, em algum momento do futuro, tudo ficará bem. Muita gente se acalma e diz que estamos evoluindo. Mas devemos entender que o cientista britânico Charles Darwin (1809-1882) nunca usou a palavra "evolução" como sinônimo de melhoria, ele a utilizava como sinônimo de mudança. Que é o significado da palavra em grego. Doença também evolui, problema também se desenvolve, encrenca também progride.

Por isso, é preciso o uso muito maior da nossa inteligência para que não degrademos essa condição. Nesse sentido, é necessário ampliar a capacidade de acolhimento, sem que se abra mão da própria identidade, do pensamento, da postura. Mas, acima de qualquer coisa, o entendimento de que a noção de ser humano (e eu estou usando o *ser* como verbo, não como substantivo) é plural, não é individual.

Não existe ninguém no mundo como eu, mas eu não sou o único a estar no mundo; sou único, mas não sou exclusivo!

Isso exige, e a Filosofia nos provoca para tanto, uma disposição séria para entender que reconhecer as diferenças não significa exaltar as desigualdades. Homens e mulheres são diferentes, não são desiguais; surdos e ouvintes são diferentes, não são desiguais; heterossexuais e homossexuais são diferentes, não são desiguais.

Olhar o outro como Outro, e não como estranho, é a chave para inspirar o crescimento coletivo. Há muitas pessoas que falam em "tolerância" como virtude de convivência. Prefiro, porém, a virtude do "acolhimento", dado que tolerar muitas vezes é só suportar o Outro, enquanto que acolher é tomá-lo como um igual na dignidade e na possibilidade de contribuição. Afinal, quem são os Outros de nós mesmos? O mesmo que somos para os Outros, isto é, Outros...

O valor maior das tecnologias de informação e comunicação desponta quando lembramos que cada um e cada uma de nós é fonte limitada de conhecimento, competência e habilidade; nenhuma e nenhum de nós sabe tudo, o tempo todo, de todos os modos.

Partindo desse princípio, é urgente ter a compreensão da importância de cada indivíduo. Bons músicos não fazem uma boa orquestra, a menos que toquem em sintonia, o que só acontece quando há respeito recíproco.

Não é obrigatório gostar de todas as pessoas; contudo, respeitar mesmo aquele de que não se gosta é sinal de inteligência e o mundo digital é terreno também fértil para que semeemos nossos desejos, conexões e esperanças.

12 E ISSO COM ESPE- RANÇA?

Tenho um livro chamado *Não se desespere!* e, quando eventualmente vou autografá-lo para alguma pessoa, escrevo, além do nome dela, a palavra **Alento!** (com exclamação mesmo).

Alento, ou seja, ânimo! Eu gosto de trabalhar essa ideia, porque algumas pessoas têm uma visão muito amarga da vida. E essa visão amarga não é porque a vida tem percalços, distúrbios, turbulências, mas porque ser amargo é uma possibilidade de não precisar agir.

De maneira geral, a pessoa se exime da ação expondo a sua descrença. Alguns indivíduos preferem não acreditar que algo vai dar certo, porque desse modo eles podem ficar acomodados na poltrona mais confortável, que é aquela em que se sentam os que gostam de ser pessimistas. Porque ao pessimista cabe repousar na ideia de que nada vai funcionar. Aliás, o pessimista, de maneira geral, tem uma grande característica: ele é vagabundo. Ele prefere, para não ter de fazer esforço, achar que nada vai dar certo. E a única coisa que ele faz é sentar, ficar sossegado e falar: "Espera que você vai ver". Ele senta e espera dar errado. Aí você fala:

— Mas não está dando errado.

— Espera que você vai ver.

O otimista tem uma encrenca. Ele tem de levantar, ir atrás, se juntar com outro, tem trabalho, transpira, sofre, chora, quer desistir, volta. Tem vitalidade.

Ao pessimista resta uma coisa "deliciosa" e repousante: não acreditar que algo pode ser feito e ficar resmungando pelos cantos ou em voz alta.

O que é uma pessoa que resmunga? É aquela que nada faz e passa o tempo todo reclamando que algo tem de ser feito. Você vai encontrar isso em empresa, em família, em escola, em igreja.

Algumas pessoas da área acadêmica, da área intelectual, no campo da Filosofia, da Sociologia, da Psicologia, se especializaram em ser pessimistas. De maneira, inclusive, a nos desmobilizar. São os teóricos da morte da possibilidade de revigorar a vida, de reinventar a história, de recriar o nosso modo de promover a convivência coletiva.

Aliás, muitos deles fazem sucesso na mídia e, especialmente, na internet, porque, como estão na direção daqueles que nada querem fazer, porque não querem trabalho, isso dá uma certa notoriedade nessa contemporaneidade.

Quando se pensa em "não se desespere", ela não é uma expressão de tolice, de ingenuidade, na suposição de que está tudo certo. Não é virar Cândido, criação irônica do filósofo francês Voltaire (1694-1778), personagem que achava estar no melhor dos mundos. É, de verdade, tendo a consciência de que não estamos no melhor dos mundos, acreditarmos que é possível fazê-lo de outro modo.

O que é o desespero? Não é só a descrença, o desespero é, acima de tudo, a aceitação da derrota. Há várias maneiras de enfrentar aquilo que parece sem alternativa, desde que se procure inspiração para a ação e, especialmente, que essa ação desejada nos emocione.

A palavra "emoção", na origem latina, significa "o que mexe com você". Tem coisas que te emocionam de maneira negativa e coisas que te emocionam de maneira positiva.

Contudo, uma das marcas do desespero é assimilar a indiferença como sendo uma conduta. "O que eu posso fazer? Isso não é comigo."

A esperança vem à tona, por exemplo, quando se procura revigorar de modo concreto o lema da Revolução Francesa, que parece uma coisa de 1789, mas que precisa, de fato, ter uma vitalidade imensa nos dias atuais: Liberdade, Igualdade e Fraternidade.

"Ah, Cortella, isso é romântico. Isso é utopia." Ainda bem. A ideia da esperança, de não se desesperar, não é oferecer a alguém uma consolação. Mas da necessidade de nos movimentarmos numa energia de possibilidade, citando o teólogo catarinense Leonardo Boff, que nos lembra de nossa abençoada liberdade. Porque uma liberdade abençoada nos permite ir além, adiante, e evita que apodreçamos a nossa esperança. Mas há também uma liberdade amaldiçoada, que é aquela que, como diria o Boff, precisa ser transfigurada.

A ideia é que a esperança não é algo que se coloque apenas no horizonte para que a gente se console. Tenha esperança, tudo vai dar certo, ou na clássica brincadeira do especial escritor mineiro Fernando Sabino (1923-2004): "No fim, tudo dá certo. Se não deu certo é porque não chegou no fim". Não é essa questão, que é um pouco mais densa. Não é que no fim tudo dá certo e a gente senta e aguarda que isso seja. É preciso ir atrás, é preciso buscar, é preciso não desistir.

Sempre que posso, relembro Paulo Freire, quando ele insistia na esperança como sendo do verbo esperançar, e não do verbo esperar. Porque há pessoas que têm esperança do verbo esperar: "Ah, eu espero que dê certo, espero que aconteça, espero que resolva". Isso não é esperança, é espera. Esperançar é ir atrás, é se juntar, é não desistir. É esperança ativa. E não a esperança do fato da pura espera.

Eu gosto de retomar uma frase de um homem que admiro muito, que foi o alemão Albert Schweitzer (1875-1965), Prêmio Nobel da Paz em 1952. Ele, aos 30 anos de idade, resolveu que, para ser mais relevante naquilo que fazia na vida, não bastava ser somente professor como era. Ele decidiu prestar exame para o Curso de Medicina. Com 37 anos se formou e ficou 50 anos no Gabão, na África. Meio século vivendo onde se dizia: "O que se pode fazer? Aqui é assim", "Espera, uma hora isso vai se resolver". E Schweitzer dizia: *"A tragédia não é quando o homem morre. A tragédia é aquilo que morre dentro do homem enquanto ele ainda está vivo".*

O que não pode morrer? A esperança. Mas não a esperança fraca, tíbia, acovardada; tem de ser a esperança que se junta, que busca, que vai atrás, que não desiste.

Por isso, a frase de origem latina que mais me anima é "O impossível não é um fato; o impossível é somente uma opinião".

Dizem às vezes:

– É impossível este país ter uma democracia estável por muito tempo.

Respondo:

– Na tua opinião.

– É impossível homens e mulheres terem direitos iguais.

– Na tua opinião.

– É impossível uma escola pública de qualidade e social para todas e todos.

– Na tua opinião.

Não podemos, de modo algum, esquecer da sabedoria contida na frase do ator francês Pierre Dac (1893-1975): ***"O futuro é o passado em preparação"***.

Por isso, há uma questão para nós: Qual é o passado que queremos ter daqui a 20, 30, 60 anos? Qual é o passado que estamos construindo desde agora? Isto é, qual será o nosso legado? Esta geração de homens e mulheres, da qual, em variadas idades, fazemos parte, será lembrada como a geração que fez o quê?

Qual é a nossa forma de herança? Seremos conhecidos como homens e mulheres de uma geração que construiu uma sociedade com relevância cívica, com capacidade científico-tecnológica, com a educação como ferramenta da liberdade, da autonomia? Seremos conhecidos também como aquela que protegeu a democracia, a participação como um dos elementos-chave na construção de uma vida coletiva? Ou, ao contrário, seremos lembrados por termos nos acovardado e nos resignado?

Paulo Freire sempre falava da necessidade de a gente ter paciência histórica, pedagógica e afetiva. Paciência histórica para ser capaz de maturar os processos no tempo em que eles podem se realizar. Paciência pedagógica porque as pessoas não têm a capacidade de compreensão dentro do mesmo ritmo, do mesmo tempo. E paciência afetiva na medida em que o afeto nos coloca como uma das formas de aproximação, a própria paciência que compreende o modo como cada pessoa age e reage nas circunstâncias.

Paciência (que não é lerdeza) para quê? Para a edificação da possível e necessária vida em abundância! E cabe sempre reforçar o que significa vida em abundância.

Não é vida de desperdício, não é vida de descarte, não é vida de inutilidade. Uma vida abundante é aquela em que não há carências sem alternativas. Não há carência de saúde sem alternativa. Não há carência de trabalho sem alternativa. Isto é, uma vida abundante é quando qualquer carência de qualquer pessoa encontrará uma solução.

Nesse sentido, a expressão mais forte dentro dessa perspectiva não é o desejo feito só como desejo, mas como projeto e propósito.

Uma das coisas mais fortes da Ciência é uma ciência que sonha; uma das coisas mais fortes da Filosofia é uma Filosofia que sonha. Descartes dizia: "O filósofo é alguém que tem pé de chumbo e asas". Claro, tem de ter pé de chumbo, senão a gente fica só voando. Mas tem de ter asas também, senão fica só no chão raso.

Um dia o filósofo francês Paul Ricoeur (1913-2005), definiu ética de um jeito cristalino. Disse ele: **_Ética é vida boa para todos e todas em instituições justas_**.

Vamos por partes. O que é vida boa? Você sabe. Vida boa é vida sem miséria moral, espiritual, econômica e física. Vida boa é aquela que não perde fertilidade, não fratura a esperança, não é marcada pelo egoísmo. Vida boa é aquela em que eu posso plenificar, tornar plena, a sacralidade da existência. Você sabe o que é vida boa. Vida boa é vida em abundância.

Segundo pedaço da frase: "vida boa para todos e todas". Quem são os todos e todas? Todos e todas! Se alguém está fora, não são todos e todas.

Coisa curiosa, ética é vida boa para todos e todas em instituições justas. E agora vamos à última parte: O que é uma instituição justa? É aquela que oferece vida boa a todos e todas. Se ela não fizer isso, ela não é justa.

Qual a maior e urgente esperança? Fazer com que concretamente exista justiça, por meio da política decente, com ética saudável, trabalho digno, liderança partilhante e, claro, a inspiração e o alento que podem também vir da Filosofia.

Filosofia:
isso é muito bom!

Sermos capazes de reverenciar o mistério e a dádiva que a vida é para nós. Eu não sei por que vim e nem por que partirei. Enquanto aqui estiver, que esta não seja uma vida descartável, inútil, fútil e banal. Não fui eu que produzi a minha vinda e eu, voluntariamente, não quero partir, mas enquanto eu cá estiver, naquilo chamado de travessia, o propósito é não desperdiçar, admitindo que, nesta, aflore a felicidade quando puder vir.

Não há um segredo. Aliás, a Mafalda, personagem do argentino Quino, em um quadrinho que é genial, se aproxima de um chaveiro, em Buenos Aires, e diz para ele: "Bom dia! Quero que me faça a chave da felicidade." E ele responde: "Com muito prazer, menina. Trouxe o modelo?". E ela termina dizendo: "Esperto o velhinho"... Ou seja, não há um segredo.

A felicidade não é um ponto futuro. Ela é uma ocorrência e uma circunstância virtual que não vem sempre, mas vem e não fica o tempo todo. E por que vai embora? Vai embora, mas não deixa de voltar. Quando a felicidade vem, mesmo que seja pouco ou poucas vezes, eu não posso deixar de abraçá-la, afagá-la e cuidar dela. Uma pessoa que se coloque feliz o tempo todo não é feliz, e sim tonta. A vida apresenta circunstâncias que não admitem uma felicidade contínua. E a gente só consegue fluir e perceber a felicidade, justamente porque ela não é contínua. Quando ela vem, a gente abraça. Quando sai, a gente vai buscar.

Não tem um segredo. A vida tem que ser partilhada. Aquilo que você reparte, você multiplica. Aquilo que você divide, você diminui. E a vida é assim: vida é partilha e partilha é a capacidade de saber o que nós precisamos e ir além de nós mesmos.

A principal contribuição da Filosofia é criar obstáculos, de modo a impedir que as pessoas fiquem prisioneiras do óbvio, isto é, que circunscrevam a sua existência dentro de limites estreitos, de horizontes indigentes e de esperanças delirantes.

A Filosofia não é a única que pode dificultar a nossa mediocrização, mas é aquela que tem impacto mais significativo nessa empreitada, pois requer um pensamento e uma reflexão que ultrapassem as bordas do evidente e introduzam alguma suspeita naquilo que vivemos e acreditamos.

Em outras palavras, a Filosofia estende a nossa consciência e fortalece nossa autonomia.

Toda dimensão reflexiva precisa ser radical, ou seja, lançar raízes profundas e escapar da superficialidade.

A Filosofia, quando sistemática e não dogmática, nos oferece algumas ferramentas mentais para procurar mais precisão no foco de uma existência que, mesmo que finita, não precisa ser vulgar e parasitária; ela implica aprofundar as "razões" e os "senões" daquilo que, ao mesmo tempo, se deseja e se percebe viável.

Mais do que uma Filosofia do cotidiano seria uma Filosofia no cotidiano! Isto é, a presença da indagação filosófica sobre temas da nossa vivência de agora, iluminados pela história do pensamento, mas sem mergulhar em meras abstrações eruditas, com simplicidade (sem ser simplória) e com compreensibilidade (sem ser superficial).

A Filosofia remove algumas acomodações mecânicas de uma vida que pela pressa e atribulação pode gerar automatismos na conduta.

Não é qualquer Filosofia que o faz, isto é, que mexe conosco positivamente, pois há também alguns modos de Filosofia que procuram nos confortar e consolar, gerando mais comodismo e fatalismo, em vez do que precisa ser: ação refletiva e reflexão ativa!

A inconformidade não é o resmungo, a chateação, a reclamação persistente: a inconformidade desejada pela Filosofia é aquela que move o pensamento e a ação para edificação de uma vida (individual e coletiva) que não acolha a complacência acovardada e nem o fanatismo delirante.

Em vez disso, uma vida que seja meditada, consciente e intencional.

CULTURAL

Administração
Antropologia
Biografias
Comunicação
Dinâmicas e Jogos
Ecologia e Meio Ambiente
Educação e Pedagogia
Filosofia
História
Letras e Literatura
Obras de referência
Política
Psicologia
Saúde e Nutrição
Serviço Social e Trabalho
Sociologia

CATEQUÉTICO PASTORAL

Catequese
Geral
Crisma
Primeira Eucaristia

Pastoral
Geral
Sacramental
Familiar
Social
Ensino Religioso Escolar

TEOLÓGICO ESPIRITUAL

Biografias
Devocionários
Espiritualidade e Mística
Espiritualidade Mariana
Franciscanismo
Autoconhecimento
Liturgia
Obras de referência
Sagrada Escritura e Livros Apócrifos

Teologia
Bíblica
Histórica
Prática
Sistemática

REVISTAS

Concilium
Estudos Bíblicos
Grande Sinal
REB (Revista Eclesiástica Brasileira)

VOZES NOBILIS

Uma linha editorial especial, com importantes autores, alto valor agregado e qualidade superior.

VOZES DE BOLSO

Obras clássicas de Ciências Humanas em formato de bolso.

PRODUTOS SAZONAIS

Folhinha do Sagrado Coração de Jesus
Calendário de mesa do Sagrado Coração de Jesus
Agenda do Sagrado Coração de Jesus
Almanaque Santo Antônio
Agendinha
Diário Vozes
Meditações para o dia a dia
Encontro diário com Deus
Guia Litúrgico

CADASTRE-SE
www.vozes.com.br

EDITORA VOZES LTDA.
Rua Frei Luís, 100 – Centro – Cep 25689-900 – Petrópolis, RJ
Tel.: (24) 2233-9000 – Fax: (24) 2231-4676 – E-mail: vendas@vozes.com.br

UNIDADES NO BRASIL: Belo Horizonte, MG – Brasília, DF – Campinas, SP – Cuiabá, MT
Curitiba, PR – Fortaleza, CE – Goiânia, GO – Juiz de Fora, MG
Manaus, AM – Petrópolis, RJ – Porto Alegre, RS – Recife, PE – Rio de Janeiro, RJ
Salvador, BA – São Paulo, SP